- 浙江数字化发展与治理研究中心、浙江省数字化改革研究智库联盟学术支持

- 浙江省新型重点专业智库浙江财经大学中国政府监管与公共政策研究院资助

- 浙江财经大学—中国社会科学院大学浙江研究院研究生学科交叉课程"科技创新与政府监管"建设项目

- 浙江省市场监管局NQI项目"新型高分子材料材质分析鉴别检测技术研究及应用",编号:20200102

数字化改革研究系列丛书

DIGITALLY EMPOWERED MARKET
SURVEILLANCE

SMART QUALITY INFRASTRUCTURE CONSTRUCTION

数字赋能市场监管

智慧的质量基础设施建设

耿 洁 冯晓雷 胡天怡 邵丹娜 ◎著

浙江大学出版社
·杭州·

图书在版编目（CIP）数据

数字赋能市场监管：智慧的质量基础设施建设 / 耿洁等著. -- 杭州：浙江大学出版社，2023.9
　ISBN　978-7-308-24173-1

Ⅰ. ①数… Ⅱ. ①耿… Ⅲ. ①数字技术—应用—市场监管—研究—中国 Ⅳ. ①F203.9-39

中国国家版本馆CIP数据核字（2023）第165624号

数字赋能市场监管：智慧的质量基础设施建设
SHUZI FUNENG SHICHANG JIANGUAN：ZHIHUI DE ZHILIANG JICHU SHESHI JIANSHE

耿　洁　冯晓雷　胡天怡　邵丹娜　著

策划编辑	陈佩钰
责任编辑	葛　超
责任校对	许艺涛
封面设计	雷建军
出版发行	浙江大学出版社
	（杭州天目山路148号　邮政编码310007）
	（网址：http://www.zjupress.com）
排　　版	浙江大千时代文化传媒有限公司
印　　刷	杭州宏雅印刷有限公司
开　　本	710mm×1000mm　1/16
印　　张	14.5
字　　数	171千
版 印 次	2023年9月第1版　2023年9月第1次印刷
书　　号	ISBN 978-7-308-24173-1
定　　价	79.00元

版权所有　侵权必究　印装差错　负责调换

浙江大学出版社市场运营中心联系方式：（0571）88925591；http://zjdxcbs.tmall.com

丛书序

数字化改革是数字浙江建设的新阶段，是数字化转型的一次新跃迁，是浙江立足新发展阶段、贯彻新发展理念、构建新发展格局的重大战略举措。数字化改革本质在于改革，即以数字赋能为手段、以制度重塑为导向、以构建数字领导力为重点，树立数字思维、增强改革意识、运用系统方法，撬动各方面各领域的改革，探索建立新的体制机制，加快推进省域治理体系和治理能力现代化。

浙江历来是改革的先行地，长期以来不断通过改革破除经济社会的体制机制障碍、打破思想桎梏，激发经济社会发展的活力。进入新发展阶段，浙江聚焦国家所需、浙江所能、群众所盼、未来所向，按照"一年出成果、两年大变样、五年新飞跃"总体时间表，体系化、规范化推进数字化改革，以"三张清单"找准重大需求、谋划多跨场景、推进制度重塑，在现代化跑道上推动共同富裕示范区建设，逐渐形成与数字变革时代相适应的生产方式、生活方式、治理方式。在"两年大变样"即将完成之际，社科界亟须深入挖掘浙江数字化改革潜力、牵引全面深化改革取得开创性成效，总结数字化改革浙江经验、提炼数字化改革理论方法，寻找具有普遍性和规律性的内在动因和机制。

按照构建智库大成集智工作机制的理念思路，浙江省社会科学界联合会指导并组建以浙江数字化发展与治理研究中心为牵头单位，杭州电子科技大学浙江省信息化发展研究院等21家单位共同参与的浙江省数字化改革研究智库联盟（以下简称"联盟"），全面开展数字化改革研究，为浙江省数字化改革提供理论支撑和智力支持。自2021年8月成立以来，联盟一方面不断壮大规模，全面构建高水平研究团队，积极为浙江省委、省政府乃至国家建言献策；另一方面深化资源共享，创新多元化合作研究机制，构建浙江数字化改革实践创新案例数据库平台，打造展示浙江数字化改革的"重要窗口"。联盟持续发布了《浙江省数字化改革实践创新报告（2021）》《数字化需求测评报告》等系列品牌成果，其理论成果《关于数字化改革理论内涵的解读》入选2022年浙江省数字化改革"最响话语"。

党的二十大报告指出，要"以中国式现代化全面推进中华民族伟大复兴"，"扎实推进共同富裕"。浙江省第十五次党代会提出，"在高质量发展中奋力推进中国特色社会主义共同富裕先行和省域现代化先行"。数字化改革作为全面深化改革的总抓手，是实现省域现代化先行和共同富裕示范的"船"和"桥"，为扎实推进"两个先行"提供根本动力。站在新的历史起点，聚焦书写数字化改革浙江样本，高水平推进数字化改革，打造数字化变革高地，浙江数字化发展与治理研究中心组织联盟成员单位，深入开展调查研究，剖析数字化改革实践案例，进行数字化改革理论创新，推动数字化改革探索和实践上升为理论成果，形成了数字化改革研究丛书。

本丛书提炼数字化改革智慧、传播数字化改革经验、唱响数字化改革之声，旨在为经济社会高质量发展和治理体系、治理能力现代化提供智力支持。

作为智库联盟的大成集智产品，希望本丛书的出版能够起到抛砖引玉的作用，带动国内数字化改革、中国式现代化等领域研究的持续发展，也希望以本丛书为纽带，在无边界的研究群落中为更多的学者架起沟通、互动、争鸣、协同的桥梁。

郭华巍

浙江省社科联党组书记、副主席

2022 年 11 月于杭州

前　言

当今世界正经历百年未有之大变局，全球产业链、供应链面临重塑，科技竞争成为国际焦点。同时，我国进入新发展阶段，全面要求高质量发展，深化供给侧结构性改革，加快形成国内国际双循环相互促进的新发展格局，要求市场监管发挥"守底线"和"拉高线"重要作用。新一轮技术革命催生了新产业、新模式、新业态，为市场监管带来挑战，也为监管科技带来新契机。

本书第一章从国际层面对比研究了市场监管定义、组织管理职能，为我国政策决策人员掌握国际、国内市场监管体系的理论与现状提供了综合性、系统性的认识。通过对比分析联合国、欧盟、重点国家及中国市场监管的理论与实践，概述市场监管体系的理论基础。第二章探讨了知识社会视角下的市场监管挑战。本章通过探究"双元创新"路径下的数字经济特征，剖析创新市场的跨越时空、高度依赖科技、快速自我膨胀、跨界融合创新等特性，以及市场监管面临的挑战，提出现行监管体系需要提升和完善的重点方向和内容。第三章构建了智慧市场监管的理论框架。本章以服务型政府为理念，提出达成共识的统一大市场监管规则、打造虚实结合的服务型政府、推广社会监督与公民参与的服务型政府。基于市场监管体系的核心要素，从监管主体、监管内容、监管机制、监管技术和监管绩效五个方面开展智慧市场监管体系的理论研讨，为实践提供理论支持。第四章汇总了浙江省数智化质量基础设施建设的实践案例。结合浙江省数字化改革的实践现状，阐述计量、标准、认证认可、质检、食药安全、特种设备检验检测等市场监管的核心质量基础设施的数智化发展现状，探析新经济下智慧市场监管体系的实现路径。本书还开展了两个专题研究成果的论述，主题包括创新产品质量风险的监管技术研究（第五章）和数字服务质量风险的监管技术研究（第六章），这些专题研究旨在前瞻性地探析智慧市场监管体系在未来应用的可行性，为政策决策人员、研究人员提供理论和实践参考。

目 录

第1章 市场监管概述 ·· 1
   第一节 市场监管的定义和特征 ··· 1
   第二节 国际市场监管机制的对比研究 ·· 5
   第三节 中国市场监管体制改革与发展历程 ····································· 19

第2章 知识社会视角下的市场监管挑战 ·· 24
   第一节 知识社会的悄然而至 ··· 24
   第二节 "双元创新"路径下的数字经济 ·· 31
   第三节 新经济带来的市场监管挑战 ·· 47

第3章 智慧的市场监管理论框架 ·· 55
   第一节 智慧的市场监管理念 ··· 56
   第二节 监管主体：政府事权的分工协同 ······································· 64
   第三节 监管内容：市场失灵与市场竞争 ······································· 72
   第四节 监管机制：刚柔并济的过程监管 ······································· 76
   第五节 监管技术：数字赋能与智慧决策 ······································· 85
   第六节 监管绩效：共创价值的社会效应 ······································· 97

第4章 浙江质量基础设施的数字化改革 ·· 107
   第一节 浙江计量的数字化改革 ·· 108
   第二节 浙江标准与认证认可的数字化改革 ·································· 121

第三节　浙江检验检测的数字化改革 ················· 128
  第四节　浙江食品安全的数字化改革 ················· 136

第5章　创新产品质量风险的监管技术研究 ················· 145
  第一节　创新产品的案例介绍 ····················· 145
  第二节　监管主体：纵向事权的分工与协同 ··············· 148
  第三节　监管内容：创新产品的质量安全 ················ 149
  第四节　监管机制：动态风险的质量监测 ················ 152
  第五节　监管技术：数据驱动与实时预警 ················ 160
  第六节　监管绩效：针对监管有效性的对比分析 ············· 171

第6章　数字服务质量风险的监管技术研究 ················· 177
  第一节　数字服务的案例介绍 ····················· 177
  第二节　监管主体：政府横向事权的分工与协同 ············· 183
  第三节　监管内容：定制服务的质量安全 ················ 184
  第四节　监管机制：第三方监测与社会监督 ··············· 200
  第五节　监管技术：数据驱动与实时预警 ················ 203
  第六节　监管绩效：数智化的量化结果分析 ··············· 211

第1章

市场监管概述

第一节 市场监管的定义和特征

一、市场监管的定义

市场监管，又称政府监管、管制或规制，指政府行政机构依法行使行政手段、准立法，或准司法手段，针对企业、消费者等开展市场行为的行政相对人实施干预和控制的活动[1]。经济学中指政府对经济活动进行的某种限制或规定[2]。

根据联合国的官方定义，市场监管是指监管主体为确保产品符合强制性法律法规和技术标准要求，且不危及各方公共利益、健康和安全，开展

---

[1] 肖志兴，宋晶. 政府监管理论与政策. 大连：东北财经大学出版社，2006.
[2] 王克稳. 论市场监管事权的纵向分配. 苏州大学学报（社会科学版），2021（6）：56-67.

的一系列活动和采取的措施。亦有学者将市场监管定义为"政府以维护公共利益和纠正市场失灵为目标,在法律标准范围内,对市场微观主体行为进行约束和干预"[①]。市场监管的目的是:

(1)保障市场流通中的产品和服务满足相关法律法规要求;

(2)促进消费者对市场的信任;

(3)保护消费者远离不合规产品,保护消费者权益;

(4)为有信誉、有质量的企业提供持续稳定的营商环境,驱逐不良竞争商人。

在欧盟市场上,各成员国的市场监督管理部门负责履行产品质量安全控制的监管职责,包括检查产品(包括服务)是否符合市场的安全性规定,并要求不符合安全性规定的产品提供商采取必要措施确保其产品满足安全性规定,或施加行政惩罚。欧盟各成员国的市场监督管理机构与海关有密切合作。海关在保护消费者免受来自欧盟以外任何不安全的进口产品方面发挥着重要作用。欧盟每年都会设立一笔专项经费,用于各成员国市场监督管理部门的相互协调、合作、沟通,以确保欧盟各成员国之间市场流通的最佳体验。

二、市场监管的特征

尽管世界各国官方和学者关于市场监管的定义各有不同,但是市场监管的主要特征具有一致性,具体体现在以下方面。

---

① 刘鹏,钟光耀.比较公共行政视野下的市场监管模式比较及启示:基于美德日三国的观察.中国行政管理,2019(5):29-38.

（一）执法性

政府监管可视为一种基于法治的约束机制，能够为市场化资源配置提供制度性保障。全面地理解政府规制职能，包括行政许可在内的各种政府监管措施，在具备合理性和合法性的基础上，能够有效发挥政府积极作用和法治重要保障作用[①]。依据"法无授权不可为，法定职责必须为"原则，行政机关行使市场监管权力，必须依照其法定职权来行使并承担责任。《法治中国建设规划（2020—2025年）》提出"构建权责清晰的执法司法责任体系""推进政府机构职能优化协同高效"。《法治政府建设实施纲要（2021—2025年）》提出"要基本形成边界清晰、分工合理、权责一致、运行高效、法治保障的政府机构职能体系"。这要求政府监管主体一方面要通过构建权责一致的行政许可权力运行体制机制，体现可问责性；另一方面还要理顺不同行政机关间及其内设部门间的职能划分、分工合作关系，考虑统筹协调中央与地方关系、地方和基层承受能力等问题。

（二）协调性

市场具有平台属性，为制造商、服务商和消费者提供了贸易服务平台。无论是按地域区分的国际市场和国内市场，还是按空间区分的实体市场和虚拟市场，市场监管均发挥了重要协调作用。市场监管主体通过法律、法规、政策、标准，为制造商、服务商和消费者构造了适合社会经济发展的市场生态系统。科学市场监管理念是执政为民，根本目标是处理好监管与发展的关系，追求监管与发展、服务、维权、执法"四个统一"，协调公众利

---

① 王奇才. "放管服"改革中的行政许可：功能定位与制度衔接. 福建师范大学学报（哲学社会科学版），2022（2）：147-156.

益与商业利益的矛盾[①]，既要保障公众的食品用药、产品质量、职业健康，以及生态环境的安全，也要保障企业在市场上得以高质量地可持续发展。

（三）保护性

关于政府的市场监管行为，联合国认为，虽然产品在进入市场前的一致性评估（例如产品认证）能够科学地证明该产品符合当地法律法规和技术标准，但是一个国家仍需要其市场监管系统，以确保：（1）非法和不安全产品不会出现在自由市场上；（2）"公平"市场的主导地位，即保证遵守市场规则的供应商不会被那些不按规则运营的流氓商人挤对。因此，有效的市场监管必须从两个方面保障公平交易。第一个保护是"保护合规经营的企业"持续在市场上为消费者提供高质量的商品，严格管控不良商人对市场造成的负面影响。第二个保护是"保护消费者权益"，确保市场上流通的产品不会危害消费者及其利益相关者的健康和安全。例如我国明确规定消费者的八大权利为财产安全权、知情权、自主选择权、公平交易权、依法求偿权、受教育权、受尊重权和信息安全权。

（四）科学性

现代行政区别于司法裁判，超越了立法机构"传送带"的传统角色，是一种专家型官员的科学，具有准立法权、准司法权、准行政区的机构自主性[②]。21世纪以来，以评估产品安全性、有效性、潜在质量和绩效为核心的现代行政科学主导着市场监管的工作，并广泛应用于产品质量安全监管、食品药品安全监管、职业安全与健康监管、生态环境保护监管等社会

---

① 邵明立. 树立和实践科学监管理念. 管理世界，2006（11）：1-5，58.
② Hamburg, M A. Innovation, Regulation, and the FDA. The New-England Medical Review and Journal, 2010, 363(23): 2228-2232.

监督管理领域。

新时代的市场监管旨在构建系统的监管体系,重视科学的监管政策和法规建设、强调决策的专业性证据、适应动态市场变化的市场监管资源配置,以及专业性的监督管理科学方法。由此,实施监管的行政管理工作也逐步演变为满足监管机构决策和执法需求的专业性监管科学。从1985年美国出现首个监管科学研究机构至今,专家、学者和政策决策者逐渐认识到,监管科学是应对特定监管领域的政治和政策问题的科学,是一门包含了科学、社会和政治相互关系的学科[1],具体内容包括市场监管组织理论、市场监管工具与方法、市场监管政策过程和决策分析、市场监管改革和治理等[2]。

第二节 国际市场监管机制的对比研究

一、联合国主导的国际市场监管

(一)联合国主导的经济委员会

联合国有5个区域经济委员会负责整合区域经济社会的发展。

欧洲经济委员会(欧洲经委会,United Nations Economic Commission for Europe,UNECE)建于1947年,总部位于瑞士日内瓦,成员国包括欧洲国家,也包括加拿大、美国、哈萨克斯坦、吉尔吉斯斯坦、塔吉克斯坦、土库曼斯坦、乌兹别克斯坦和以色列。成员国中既有发达国家,也有发展水平相对较低的国家,发展水平多样性对UNECE既是一个挑战,也是一种优势。

---

[1] 杨悦. 监管科学的起源. 中国食品药品监管,2019(4):14.
[2] 陈振明,薛澜. 中国公共管理理论研究的重点领域和主题. 中国社会科学,2007(3):140-152,206.

UNECE鼓励不同发展水平国家间的知识共享，确保向有需要的国家提供财政和技术援助。欧洲经委会的核心工作领域为经济合作与融合、环境政策、人口与资源、可持续能源、国际贸易、交通运输和城市发展等，通过政策对话、国际法谈判、制订法规和标准、推广最佳实践案例、应用经济及技术经验和专业技能，促进成员国间的经济合作。

非洲经济委员会（非洲经委会，United Nations Economic Commission for Africa，UNECA）建于1958年，总部设在埃塞俄比亚首都亚的斯亚贝巴，成员国既包括非洲国家，也包括英国、法国、意大利、比利时、西班牙和葡萄牙等发达国家，我国也参加该组织活动。非洲经委会的核心工作领域为非洲经济和社会政策、粮食安全、性别与发展、可持续发展、信息促进发展、贸易和区域一体化，目的是促进非洲各国经济合作与交流，帮助非洲国家围绕发展面临的各种挑战建立共识，阐明非洲国家共同观点和立场，为非洲国家与国际社会建立密切关系。

亚洲及太平洋经济社会委员会（亚太经社会，United Nations Economic and Social Commission for Asia and the Pacific，ESCAP）建于1947年，成员包括中国等东亚、东南亚、南亚、中亚、南太平洋国家，以及俄罗斯、土耳其、伊朗、美国、英国、法国和荷兰等。亚太经社会的核心工作领域为减贫与发展融资、贸易投资与企业商业创新、交通运输、环境与发展、信息通信技术与科技创新、减灾、能源和社会发展等。

西亚经济社会委员会（西亚经社会，United Nations Economic and Social Commission for Western Asia，ESCWA）建于1974年，总部设在黎巴嫩贝鲁特，成员国包括巴林、埃及、伊拉克、约旦、科威特、黎巴嫩、阿曼、巴勒斯坦、卡塔尔、沙特阿拉伯、苏丹、叙利亚、阿联酋和也门。西亚经社会旨在推动该地区国家的经济和社会合作，以便实现地区性融合。作为联合国系统的机构之一，西亚经社会寻求统一成员国在包括水、能源、工业、农业、技术等各个部门的政策，实施面向各社会层面的工程，包括妇女、儿童、老人和那些有特殊需要的人。其核心工作领域为全球化和区域一体化、信息和通信技术发展、可持续发展和生产力、社会经济发展等。

拉丁美洲和加勒比经济委员会（拉加经委会，United Nations Economic Commission for Latin America and the Caribbean，ECLAC）建于1948年，总部设在智利首都圣地亚哥。拉加经委会的任务是通过制定公营政策，促进拉丁美洲和加勒比地区的发展，与成员国政府相互合作，全面分析发展进程，提供切实可行的服务。其核心工作领域为国际贸易、金融和运输一体化、地区性合作、竞争和生产专业化、生产力和管理宏观平衡、社会发展和社会平等、拉丁美洲和加勒比地区经济和社会规划、环境和土地资源的可持续、人口和发展等。

（二）国际市场监管规则的战略发展

依据5个区域经济委员会的核心工作重点，联合国关于国际市场监管理念的重点是贸易全球化与一体化、可持续发展和国际营商环境的打造。考虑到任何经济运营体都需要保证其生产制造或用于市场流通的产品在其整个生命周期中必须满足强制性产品质量安全要求，联合国从产品角度定义了市场监管机制的几个设计阶段，即产品在设计或生产阶段的监管行为为事前监管（也称主动型监管），而产品在市场流通或售后阶段的监管行为被称为事中、事后监管（统称被动型监管）。

当今世界一个非常明显的转变，是各国的市场监管机制正从"强调事前监管"转向"强调事中事后监管"。其中一个方面的原因是过于繁重的事前监管推高了企业的市场准入成本。例如，各种审批、许可、认证成本过高，导致创新型中小企业无法承担，他们的新产品还没进入市场，就被排挤到市场大门之外了。另一方面，一些大型制造商致力于推动新产品快速进入市场，以获得最大利益，而任何严格市场准入管制都制约了创新产品进入市场的速度，并引发市场竞争失利情形。

联合国关于未来的市场监管战略主要体现在三个方面。

第一，联合国致力于研制一套普适的国际市场监管机制，核心包括三个部分。首先，强调这套国际市场监管机制的通用性。通用的国际市场监管机制应能够将烦琐的监管流程精简到最必要的几个核心流程，以适用于所有国家的市场监管规则，并具有一致性。其次，强调标准和产品检测的重要性。经过长期推广的产品标准化带来的市场效果，相关技术标准中被认可的检测方法、极限值、产品分类等都应该被设计到这套通用的国际市场监管机制中。最后，强调标准与市场监管的融合。考虑到制定标准的专家和市场监管的行政人员当前合作的局限性，如何将标准配套到市场监管机制中，或者说如何将市场监管融入标准中，这在未来仍会是一个挑战。归根结底，将具体的市场监管条例加入相关标准仍需要进一步商榷。

第二，增加利益相关方之间的合作，并在国际上分享市场监管的工作经验。这些利益相关方包括但不限于商业经营者、海关、制定技术法规的主管部门或国际机构、一致性评估机构（认证机构）、国家级市场监管行政机构、其他国际合作组织、国家级认可机构、国家/地区/国际标准化机构、司法机关、消费者协会和媒体。

第三，增加市场监管的透明度，让世界看到市场监管系统的工作过程。在一个以媒体为主导的世界中，市场监管的透明性和可见性将被更多的人看到，这极大地扩大了市场监管部门的影响。

二、区域性和典型国家的市场监管

（一）欧盟主导的区域性市场监管

1. 区域性国家间的市场监管协同

欧洲联盟（简称欧盟）是在欧洲共同体基础上发展而来的。1965年法国、联邦德国、意大利、荷兰、比利时和卢森堡签订了《布鲁塞尔条约》，正式合并了欧洲煤钢共同体、欧洲经济共同体和欧洲原子能共同体，并统称为欧洲共同体。在此时期，6个国家从加强农业到取消关税，促进了各国的经济增长。随着1993年《欧洲联盟条约》的生效，欧盟正式成立。此时，欧盟成员国已经增至15个。1999年1月1日，欧元诞生，欧盟成员国中11个国家开始在国际贸易中正式使用欧元。

欧盟的市场监管具有区域性国家间的市场监管协同特点。欧盟指令（directives）作为法律法规的顶层设计，指导着欧盟成员国的国家市场监管的战略发展与机制设计。欧盟的市场监管不仅旨在保护消费者远离危险商品，更要确保高质量的商业可持续发展。因此，每个欧盟成员国被要求必须实施有效市场监管措施，以保障：（1）市场流通的产品都能被监测到；（2）相关产品标签和文书都能提供；（3）设计和生产的产品都满足欧盟统一的法令、标准要求；（4）市场监管行政主体必须具备必要的行政管理权力、监管资源和知识储备；（5）具备必要的投诉和事故监测的渠道和应对方案；（6）必须实施市场监管机制，并保持阶段性更新；（7）对市场监管机制每4年进行至少一次的回顾并评估。

2. 严格的事前监管

从历史上看，19世纪中期，在新航路开辟后，以欧洲为中心的世界市场开始出现。在20世纪初，欧洲作为老牌发达资本主义国家的群聚地，推动了第二次工业革命，进一步扩大了其世界影响力，并使得欧洲与亚洲、非洲、美洲之间建立了直接的商业联系。欧洲各国也在近200年的发展历程中逐渐形成了成熟的市场经济体制，积累了众多经验，其市场监管也更加科学、安全、可靠，尤其在事前市场准入阶段，能够有效地识别、规避很多市场风险。当然，这种保守的市场准入监管机制，也在某种程度上制约着创新型和中小型企业的发展。

欧盟的市场监管制度中，最典型的是其强制性产品认证制度。为确保欧盟市场上流通的产品都满足欧盟统一的法令和标准要求，"CE"安全认证标志，作为强制性产品认证，被视为制造商打开并进入欧洲市场的护照。CE的全称为"符合欧洲要求"（Conformité Européenne），表示产品的生产或第三方质检均由制造商或进口商负法律责任，还表示产品符合欧盟委员会的所有相关指令。无论欧盟成员国，还是其他国家的企业，要想在欧盟市场上自由流通其产品，就必须加贴CE标志。

在事中事后监管阶段，欧盟再次强调了产品一致性评估的重要性，尤其是周期性产品认证的合规性审计。此外，欧盟成员国的官方市场监管部门也会不时实施市场抽样检查，对问题商家作出处罚，包括回收产品、罚款甚至监禁。

3. 经济运营体职责的强化

根据2021年起强制实施的《(EU)2019/1020欧盟市场监督和产品合规性法规》，欧盟境内流通的产品，无论通过线上还是线下销售，欧盟各国政府监管机构都可对其进行监督问责。新的市场监管法规强化了经济运营体职责，确保欧盟各国的政府监管人员就产品合规性问题，可具体联络到负责销售的主体责任人。若经营者有理由研判所涉产品具有风险，应与市场监督机构合作，确保立即采取必要措施，纠正任何不符合联盟指令的行为；若难以被纠正，欧盟各国的市场监管部门有权要求或主动采取措施，以减少风险[①]。

（二）美国的市场监管发展现状

基于自由市场经济体制，美国的市场监管模式既不同于计划经济中展现出高度结构化、全能主义的国家治理体系，也区别于欧洲发达国家通过政府提供大规模公共服务干预市场经济活动的监管模式，其监管模式具有典型性，值得研究讨论。

1. 自由市场经济模式

美国的市场监管体制建立于自由市场经济体制基础之上，具有显著的市场主导特征。19世纪70年代以前，美国一贯奉行自由主义，政府极少干预经济运行[②]。自1887年开始，美国先后成立了联邦贸易委员会(FTC)、联邦通信委员会(FCC)、联邦能源监管委员会(FERC)等机构。这一时期，市场自由竞争机制、私法体系、联邦贸易委员会等独立监管机构构成了美国核心市场监管体系。由于美国奉行自由主义，市场监管只作为美国自由市场秩序的补充而存在[③]，政府当且仅当市场运行违背自由竞争原则时介入。

[①] 彭丽. 欧盟市场监管新规解读. 中外玩具制造，2021（8）：70-71.

[②] Esman, M J, Montgomery J D. Systems approaches to technical cooperation: the role of development administration. Public Administration Review, 1969, 29(5): 507–539.

[③] Zywicki T J. Bankruptcy law as social legislation. Texas Review of Law & Politics，2001, 5(2): 393.

2. 独立监管机构

美国政府作为自由市场机制的补充者，采用独立的市场监管机构开展市场监管工作。承担美国市场监管的职能机构主要分为独立监管委员会和内阁部门下属机构。独立监管委员会主要包括：联邦贸易委员会（FTC）、联邦通信委员会（FCC）、联邦能源监管委员会（FERC）、消费品安全委员会(CPSC)、商品期货交易委员会（CFTC）和环境保护局（EPA）。内阁部门下属机构有食品药物管理局（FDA）、司法部反垄断司（AD）、劳动部职业安全与健康管理局（OSHA）和农业部食品安全检验局（FSIS）。此外，司法部反垄断司也承担部分反垄断执法工作。这些独立监管机构日常运行过程较少受到立法和行政系统干预。独立监管机构在监管决策方面集行政权、半立法权和半司法权于一身，在执行监管职能时，依靠其多年来形成的良好声誉，基于自身专业判断独立行使调查、裁决、司法执行、强制、处罚等多项职权。因此，在机构性质和监管决策等方面均表现出较强的独立性。同时，美国市场监管机构的纵向设置和权力分配上呈现出纵向分割的特征，联邦和州政府各自存在独立运行的监管体系，各层级监管机构职责相对完整[1]。

3. 事后严管模式

美国市场监管旨在纠正市场失灵，是对市场机制的补充。其市场监管策略偏向于对私人经济行为进行有限、选择性干预[2]。经历数百年市场经济

---

[1] 刘鹏，钟光耀. 比较公共行政视野下的市场监管模式比较及启示：基于美德日三国的观察. 中国行政管理, 2019（5）：29-38.
[2] 鲍德温，凯夫，洛奇. 牛津规制手册. 宋华琳，李鸻，安永康，等译. 上海：上海三联书店, 2017.

的发展，其市场高度成熟，严格监管有利于激励企业守法并震慑违法违规行为。美国市场监管注重采用立法和司法手段维护自由市场秩序，是典型的事后严管模式，旨在充分发挥市场的自由竞争机制。然而，因自由市场失灵和司法救济的缺陷，市场监管逐步引入基于规则的风险防范和过程管控的政府干预措施。美国政府对于市场治理逐步由基于立法和司法手段的秩序维护，转变为注重事前与事后监管的行政监管模式。美国的市场经济是一种"基于规则的部分自由"且"典型受管制"的市场经济[1]。

（三）德国的市场监管发展现状

1. 社会市场经济模式

二战后德国社会市场经济体制包括五方面内容：实行稳定的财政政策和灵活的货币政策；建立鼓励自由竞争的市场机制；实行限制垄断的竞争政策；以市场机制调节为主，国家有限干预为辅；完善社会保障制度[2]。德国通过建立完善的市场机制来实现自由且充分的竞争，并借助市场机制实现资源的有效配置。政府起到规制市场秩序以实现效率和公平的目的。因此，德国二战后建立的独特的社会市场经济模式旨在兼顾市场自由和社会公平。

2. 独立监管机构

德国独立监管机构的设立相对较早，采用设置在内阁部门之下的模式。除了联邦卡特尔局（FCO）和德国邮电监管以外，其他监管机构并非完全

---

[1] 宇燕，席涛. 监管型市场与政府管制：美国政府管制制度演变分析. 世界经济，2003（5）：3-26.

[2] 谭波，郭红玉. 政府与市场关系的创新思维——当代德国社会市场经济体制评析. 人民论坛·学术前沿，2017（4）：61-69，95.

独立，监督权力来源于内阁部门的授权[①]。因此，德国的监管机构也是非部长级部门，其监管职能在组织形式上相对独立。

3. 政府非直接干预

基于社会市场经济体制，德国社会市场经济奉行自由市场与社会发展之间的均衡，是有别于美国自由主义的"市场机制+政府引导"的独特经济体制。研究社会市场经济的学者认为，发展自由经济并非意味着对国家干预和引导机制的完全舍弃。在社会市场经济体制下，政府引导机制能够为市场经济运行的过程和结果搭建一个良好的政策生态系统。政府干预的主要对象是垄断、不正当竞争，以及维护公平的市场竞争秩序。为了追求"共同繁荣"的国家政治主张，德国政府建立了强大的社会保障网络，实施经济均衡的宏观调控，致力于全民分享社会经济成果。德国这种市场与政府并重的治理模式，强调政府并非直接干预市场经济活动，而是通过事先制定的市场规则，引导性地促进市场竞争。通过社会参与来实现政府监管行为与社会组织利益的协商一致，管控冲突和分歧，推进监管政策各方利益的妥协与共赢。

三、典型国家市场监管机制的比较

（一）强调发挥市场机制

尽管不同国家对于政府和市场关系的界定有所差异，但均以强调发挥市场机制为前提。其中，事关市场要素自由流动和国家利益的事务一般由中央（联邦）政府承担，如美国联邦各监管机构负责跨州的食品药品安全、

---

① 钟光耀，刘鹏. 监管型国家背景下独立监管机构的发展与启示——基于美国、德国、巴西三国监管机构的观察. 中南民族大学学报（人文社会科学版），2023（8）：114-125，185-186.

消费者权益保护、广告管理等。同时，发达国家在国家层面制定法律条款并健全法律体系，以此对市场主体行为进行监督和约束，具有较高的法律效力，覆盖范围广泛，可操作性强。为适应专业需求并提高监管效能，监管机构通常基于风险分析框架开展科学决策，包括风险评估、管理和沟通等环节。而在政社关系中，消费者教育、行业自律、专业第三方服务、媒体监督等社会活动独立于监管体系，从而形成对市场失灵和政府失灵的有效补充。典型国家的市场监管机制构建主要包括事前监管、事中监管和事后监管。事前监管措施主要有商事登记、认证认可；事中监管措施主要有资格年审、市场抽检；事后监管措施主要有消费者投诉、企业召回。具体地，对比典型国家（如美国）、区域性国际监管机制（如欧盟），以及中国的市场监管，其主要特征如表1-1所示。

表1-1 欧盟、美国和中国市场监管机制特征比较

比较项目	欧盟	美国	中国
特点	严格的事前监管，强制性CE认证，及必要的事前审查	严格事后监管，强调法律在监管中的作用	相对欧美属于新市场，强调事中监管，以抽检为主
优点	严守市场准入大门，争取把危险控制在事发之前	特别强调消费者权益，有人告，就有人受理	有利于创新企业和创新产品的自由准入，包容开放
缺点	严重阻碍了创新市场的发展，同时限制了中小企业发展	消费者投诉的胜诉可能给企业带来致命打击	消费者容易成为被试，需要具有火眼金睛，以识别潜在的质量安全风险

（二）监管机构的独立性

监管机构设置独立且较少受到立法和行政系统干预。从部分发达国家已有的法律体系和法规制定情况可以看出（见表1-2），无论是经济性监管还是社会性监管，都有明确的监管目标取向。经济性监管侧重维护公平价格、公平竞争秩序和良好市场环境，社会性监管强调保障消费者权益等。两者均体现了监管机构的执法性、协调性、保护性及专业性特征，以促进社会经济的可持续发展。

表1-2 部分发达国家经济性监管和社会性监管的相关法律法规

国家	经济性监管相关法律法规	社会性监管相关法律法规
美国	《谢尔曼反托拉斯法》 《联邦贸易委员会法》 《经济增长、监管放松与消费者保护法案》	《纯净食品药品法》 《清洁水法》 《反生物恐怖法》 《公平信用法》 《公共卫生服务法》 《国家儿童疫苗伤害法》 《联邦食品、药品和化妆品法》 《联邦肉类检验法》 《联邦蛋制品检验法》 《食品质量保护法》
加拿大	《预防和制止限制贸易之联合行为的法律》 《竞争法》	《加拿大食品和药品法》 《食品药物法》 《鱼类检验法》 《农业产品法》 《消费品包装和标识法》 《植物保护法》 《化肥法》 《种子法》 《饲料法》 《动物卫生检疫法》

续表

国家	经济性监管相关法律法规	社会性监管相关法律法规
英国	《垄断法》 《专利法》 《竞争法》	《消费信贷法》 《消费者信誉法》 《禁止食品、饮料与药品掺假法》 《食品与药品法》 《食品安全法》 《食品法》 《食品标准法》 《食品卫生法》 《甜品规定》 《食品标签规定》 《饲料卫生规定》
德国	《反不正当竞争法》 《反对限制竞争法》	《食品法》 《食品、烟草制品、化妆品和其他日用品管理法》 《食品责任法》 《食品标识条例》 《混合碎肉管理条例》 《食品可追溯条例》 《畜肉卫生法》 《奶管理条例》 《蛋管理条例》 《纯净度标准》
日本	《不正当竞争防治法》 《关于禁止私人垄断和确保公正交易的法律》	《药事法》 《食品卫生法》 《消费者保护基本法》 《消费生活用制品安全法》 《工业标准化法》 《毒物及剧毒物取缔法》 《电器用品取缔法》

注：法律法规截至2023年。

（三）自由竞争的市场机制

搭建宽松有序与违法严惩并举的市场监管环境。监管机构设置独立，且享有广泛的行政权和准司法权，在依法设立的基础上，遵循了透明性、成本收益和专业化等原则，有助于搭建张弛有度的市场监管环境。在保证监管机构自主性的同时，通过适当的干预手段引导市场环境良性发展，旨在维护良好的市场秩序，保障消费者权益。

（四）监管专业化和科学化

监管队伍的专业化和监管方式的科学化水平较高。例如美国食品药品监督管理局（FDA）、农业部食品安全与检验局（FSIS）和国家环境保护署（EPA）在地方均设有实验室，配置一批科学家和专家团队，为重大监管决策提供科学支撑；德国将国际通用食品安全标准体系纳入本国食品安全质量标准体系中，进一步细化并实现本土化，其中包括全球良好农业操作认证（Global GAP）、国际食品标准（IFS）等；加拿大将国际通用或行业通用标准引入粮食质量和卫生标准体系中，并将危害分析和关键控制点（HACCP）管理方式引入水产品工厂、屠宰场、食肉制品企业、乳制品企业等；日本有数量众多的农产品质量标准、农药残留标准和农产品品质规格，并引入良好农业规范（GAP）、食品标识制度、食品安全溯源制度、信息收集制度等；新加坡自 2006 年开始实行 2005 食品安全管理体系（ISO 22000），成为东南亚地区第一个采用该标准的国家。

（五）基于信息技术的监管方式

监督机构运用信息技术实现与社会各界的双向沟通和预防性监管。例如美国芝加哥市借助大数据实现食品安全监管与巡查，主要采集的数据信息包括企业常用名称、机构属性、风险等级、检查日期、检查内容和违规行为等，其中风险等级分 1—3 级，风险等级越高，被监管的频次越高。在此基础上，构建食品安全监管的算法模型，涉及检查结果、热线投诉、实时气象、餐厅附近施工情况以及引发食源性疾病的记录等变量。

第三节　中国市场监管体制改革与发展历程

新中国成立以来，市场监管的演进经历了从计划经济的市场限制，到中国特色社会主义市场经济体制下的有序市场竞争，再到宽准入严监管的制度变迁[1]。这一演进反映了市场监管机构随着政府、市场和社会的定位转变而转变的演进逻辑。

一、行业主管阶段：1949—1992 年

监管特点：计划经济时代的我国经济体现为政企不分、国家高度一元化特征的全能主义[2]。政府通过行政命令方式，对宏观供需和生产经营活动实施严格的管制。行业主管部门几乎等同于市场监管主体直接控制着行业的发展，形成政企合一的管理特点，管理方式主要依靠科层体制，市场主体也是行政单位。

具体表现：社会经济以生产资料全民公有制为特征，国营企业和集体单位几乎占据了整个市场，也是市场监管的主体。这一时期的计划经济本质上也是审批经济。为保障供需平衡，市场监管主体几乎等同于行业主管部门，通过指导、命令和限制等政策，直接决定着生产、分配、供给和销

---

[1] 刘亚平，苏娇妮. 中国市场监管改革 70 年的变迁经验与演进逻辑. 中国行政管理，2019（5）：15-21.

[2] 邹谠. 二十世纪中国政治. 香港：牛津大学出版社，1994：69.

售等环节。以消费品市场为例,机械、化工、纺织、轻工等工业管理部门负责本行业的市场计划、生产、销售和售后质量保障。商业部门管理城乡百货公司的批发和零售。工商行政部门则主办农贸市场、集市等有形市场,并对其交易活动进行管理[1]。

监管措施:政企合一的管理特点,管理方式主要依靠科层体制,市场主体被看作行政单位,主要采用行政指令、思想政治教育,以及评比等方式开展经营管理工作。

监管效果:受计划经济的利润分配机制影响,生产经营者出于利益驱动的恶意行为较少发生。然而,由于缺乏监管激励,受行业主管部门严格的层级指令管控,企业丧失自主经营权和创造活力,作为"铁饭碗"的国有企业没有生存危机,更没有动机为提升市场竞争力进行自发创新与变革。此时的工人生产积极性也受到严重抑制,提高效率的内生激励明显不足。

二、独立监管阶段:1993—2008 年

监管特点:正式意义上的现代市场监管起源于1993年党的十四届三中全会。这一时期,我国政府不再直接参与生产活动,而是通过履行监管职能协调市场[2]。这标志着我国市场监管模式进入第二阶段,市场监管机构由行业主管部门转变为市场监督管理部门。

具体表现:1993年党的十四届三中全会通过《中共中央关于建立社会主义市场经济体制若干问题的决定》,明确提出建立社会主义市场经济体制。

---

[1] 胡颖廉. "中国式"市场监管逻辑起点、理论观点和研究重点. 中国行政管理,2019(5):22-28.

[2] Gilardi F. Policy credibility and delegation to independent regulatory agencies: a comparative empirical analysis. Journal of European Public Policy, 2002, 9(6): 873-893.

1998年，国务院机构改革，设置国家药品监督管理局、国家质量技术监督局，加强市场执法监管机构建设。2003年，在国家药品监督管理局基础上，增加食品安全监管职能，组建国家食品药品监督管理局；国家质量技术监督局与国家出入境检验检疫局整合为国家质量监督检验检疫总局。同期，工商行政管理部门也经历了激烈的职能转变。改革开放以来，工商行政管理机构带头办市场，监管工作等同于集贸市场的管理工作。1995年起，工商行政管理机关加快与市场脱钩，强化其市场监督和行政执法职能。2001年，《关于行政审批制度改革工作的实施意见》要求充分发挥市场在资源配置中的基础性作用，积极推行行政审批制度改革。政府职能加速转变，监管机构不再直接参与市场交易活动，而是通过公开、法制的市场规则为社会设定并维护市场生态环境[①]。

监管措施：国务院机构改革几乎撤销了所有行业主管部门，消除政企不分的监管模式，重新组建了一批国家局、直属事业单位和特设监督管理机构，履行市场监管职责。通过有限放开市场准入，行政审批成为主要监管方式，事前、事中、事后监管模式逐步形成，政府调控下的有序竞争逐渐发展起来。

监管效果：市场监管、经济调节、社会管理和公共服务成为社会主义市场经济条件下四项一类政府职能，被广泛运用于实践。市场监管机构逐步完善，涵盖了经济监管、社会监管和竞争政策中的反垄断等多个经济领域。然而，这一时期的监管机构虽然独立于行业发展，但是更容易被监管对象看作敌对方，难以有针对性地解决行业内部问题，增加了市场监管的难度。

---

① Majone G. From the positive to the regulatory state: causes and consequences of changes in the mode of governance. Journal of Public Policy, 1997, 17(2): 139-167.

此外，多个监管部门对某一产业进行监管的多重监管体制，带来了严重的市场协调问题。这一时期的整体市场监管制度体现出我国政府管理"重审批、轻监管、弱服务"问题。

三、统筹监管阶段：2009年至今

监管特点：我国政府基于对社会主义市场经济的深刻认识，将"市场在资源配置中的基础性作用"逐步转变为"使市场在资源配置中起决定性作用和更好发挥政府作用"。市场监管强调综合执法能力建设，在简政放权的同时加强事中事后监管，形成"宽准入、严监管"的统一大市场监管模式，也标志着国家市场监管机构的变迁转入第三个阶段。

具体表现：2013年，《国务院机构改革和职能转变方案》指出："深化行政审批制度改革，减少微观事务管理，该取消的取消、该下放的下放、该整合的整合，以充分发挥市场在资源配置中的基础性作用。"党的十八届三中全会明确市场在资源配置中起决定性作用，从国家顶层设计上突出了市场的主体地位，试点省份通过组建新机构，整合标准、认可认证、商标、专利、检验、风险监测等质量监管基础设施，针对产品、商品、特殊商品等不同消费品的全生命周期（包括生产、流通、使用、废弃等环节），为国家推行基层机构改革提供有用经验。2017年，《"十三五"市场监管规划》明确指出要形成综合监管、行业领域专业监管和社会协同监管相互促进的统一大市场监管格局。2018年，国务院通过进一步的机构改革，综合了原有的工商行政管理总局、国家质量检验检疫总局、国家食品药品监督管理总局、国家发展和改革委员会以及商务部等机构的全部或部分监管和执法职责，成立了新的国家市场监督管理总局，并列入国务院直属机构序列。

新时期的市场监管机构强调统一的大市场监管，体现出综合统筹式的国家市场监管模式，承担着上亿市场经营主体的监督管理职责。

监管措施：政府通过简政放权，大幅缩减行政审批范围，取消、下放行政许可事项，推行多证合一，由多重准入监管转向放宽准入，进一步宽松市场准入门槛。2018年发布的《市场准入负面清单》明确"非禁即入"，极大程度赋予了各类市场主体平等进入的权利，市场监管模式也从事前监管，转向事中事后监管。在"谁主管谁负责"模式下，采取了"双随机、一公开"等一系列新的监管策略，以常态化的监管机制取代随机检查和随机执法的模式。

监管效果：立足我国国情，坚持以人民为中心的发展思想，我国的市场监管理念、监管技术和监管机制都在不断探索与实践中前进着。市场监管理念由早期行业主管模式，转向政企分开的独立型监管模式，如今又形成了统一大市场监管模式，在相当大程度上已探索出了一条中国式市场监管路径。

第2章

知识社会视角下的市场监管挑战

工业时代，大规模生产主导着我们的生活。新的知识革命引导着工业社会向知识社会过渡。知识经济的产生和发展，促使新经济以自身独特优势改造着传统制造业和服务业，创造新的市场需求，引导新的消费理念，向社会提供具有创新性、个性化、融合性、高智力、高附加值、低资源消耗、低环境污染等特征的新产品和新服务，更能满足顾客的高情感体验、高精神享受的消费需求。本章立足知识社会和知识生产力的理论研讨，分析了新经济的特点及引发的市场监管问题，为构建智慧的市场监管概念模型提供理论基础。

第一节 知识社会的悄然而至

知识创新引发了社会经济发展范式的变化，现代社会正从"生产者导向的社会"转变到"顾客需求导向的社会"[1],这源于信息时代顾客态度和期望的巨大转变。托夫勒[2]在《再造新文明》提出,知识革命是第三次社会变革的代表象征。新技术产生的重点是知识的创造,新的时代与农耕和工业社会最大的区别是:不再以体能和机械能为主,而是以智能为主。本节探讨了知识社会、知识经济、知识生产力的范畴和特征,为识别新经济带来的市场监管挑战提供理论基础。

一、知识社会

知识社会中真正具有支配性、决定性的生产要素,既不是资本、土地,也不是劳动力,而是知识。知识工作者,不同于传统雇员,他们同时拥有生产工具(即"知识")和生产资料(即"知识产权"),有别于资本家和雇工关系,成为新兴的社会核心力量。知识工作者通过运用知识生产力和创新能力创造新的社会经济价值,使知识型工作成为主流工作模式,而我们已身处变革中。

向知识社会的转变是由知识从根本上转变为公共资源所驱动的。尽管东西方文化存在差异,知识一直被视为"道"(being)的存在。然而,信息时代的到来迅速将"道"变成了"器"(doing)。知识成为一种生产力[3]。在工业革命时期,知识这一生产要素就已崭露头角。资本家将知识运用于生产工具、生产流程和产品创新,催生了新技术,如蒸汽机、电器,也催生了工业革命。第二次世界大战后,西方学者如弗雷德里克·温斯洛·泰勒(1856—1915)应用知识开创了管理科学。他的管理科学不仅使大规模

---

[1] 林登. 无缝隙政府. 汪大海,译. 北京:中国人民大学出版社,2002.
[2] 托夫勒 A,托夫勒 H. 再造新文明. 白裕承,译. 北京:中信出版社,2006.
[3] 德鲁克. 知识社会. 赵巍,译. 北京:机械工业出版,2021.

生产、精益管理成为现实，还引发了管理革命。知识在工业革命时代首次转化为生产力，改变了政治经济学意义上的"生产方式"，以工厂为代表的制造业成为社会经济的核心力量[1]。

随着20世纪信息技术时代的到来，一些借由新知识转化为具有实际操作性的新技术，如人工智能与决策、大数据与云计算、虚拟现实、基因工程、生物技术、新能源、新材料、普适计算、万物互联、比特币与区块链、3D打印[2]等，不仅形成了市场力量的技术革命，还催生了"新技术、新产业、新业态、新模式"[3]（"四新"）经济形态。一方面，这些新技术依托新市场需求，发展具有创新性、前沿性的新产业体系[4]，例如，3D打印、可穿戴设备、机器人、基因测序服务、太阳能田等创新型产业。另一方面，这些新技术通过与传统行业融合形成新业态、新模式[5]，例如，智慧物流、数字金融等。

这些新的知识使工业社会加速向知识社会转型。大批量生产向个性化定制转型。传统经济中的大批量生产的产品基于供给创造需求的理念，以供方市场为核心。个性化定制产品基于"为顾客创造价值"的理念，置"顾客需求"（买方市场）于首位，使利润蕴含于满足顾客需求与偏好之中。

---

[1] Wren D A. Reviewed work: Frederick W. Taylor, father of scientific management: myth and reality by Charles D. Wrege, Ronald G. Greenwood. The Executive, 1991, 5(4): 94-96.
[2] 施瓦布. 第四次工业革命：转型的力量. 李菁，译. 北京：中信出版社，2016.
[3] 杜传忠，胡俊，陈维宣. 全球新产业新业态发展现状与展望 // 北京国际经济交流中心. 国际经济分析与展望（2017-2018）. 北京：社会科学文献出版社，2018：346-366.
[4] 胡春燕. 基于信息技术革命的新业态和新模式演化机理及效应. 上海经济研究，2013（8）：126-132.
[5] 曲崇明."四新经济"的监管：新理念与新模式. 中共青岛市委党校 青岛行政学院学报，2019(5)：71-76.

传统经济已不能全面体现当前经济的发展，新经济将逐步代替传统经济，成为未来技术进步和生产效率提高的关键力量[①]。

二、知识经济学

知识作为生产要素这一本质性的改变，潜移默化地改变着社会分工，创造着现代社会中新型知识工作者的劳动生产力大军，催生了新的知识经济学。虽然如何将知识用于财富创造的经济理论仍需一套科学理论来验证，但是一些市场经验已经开始解释——知识如何促使某一市场的新来者刚崭露头角，就能横扫市场，将根基颇深的传统竞争对手拉下马，并快速形成新的垄断。例如，二战后的日本，既没有劳动力资源和土地资源的优势，也没有资本的优势，却能通过知识和科技，横扫全球的家电市场。再如信息时代的苹果、微软、脸书等在成为新兴市场巨头前，均没有资本、劳动力、土地资源的优势，却能通过知识和科技，快速抢占新市场，甚至形成新的垄断。

知识经济学理论在一定程度上有别于传统经济学。传统经济学基于资源分配和经济报酬分配的"完全竞争"模型，而知识经济学未必适用该模型。因为"不完全竞争"是知识经济与生俱来的属性，谁最先创造知识，谁最先应用知识，谁取得优先发展优势。这种优势将一直保持下去，直到可替代的新知识出现。这意味着，无论政府主张自由贸易的经济政策，还是保护主义的经济政策，两者单独使用均不会发挥有效的市场监管和市场调节作用。

---

① 林培龙，戴娜，李洪英，等. 新型经济运行监测指标体系的科学构建——宁波市新型经济运行监测指标体系研究. 浙江经济，2018（6）：45-47.

传统经济学的另一个假设，经济发展的好坏受消费和投资的重大影响。但知识经济是建立在知识生产、存储和消费之上的经济，投资与消费似乎没起到关键作用。消费增长，没有导致知识产出的增加。同样，资本追加，也没能使知识产出有效增长[①]。知识不像传统土地资源，能够量化其产量和价值。知识的三种核心生产模式是"创新"（新科技）、"创造"（新产品）、"改进"（新流程）。通常，三种生产模式会同时出现，并对经济效益产生差异化影响，我们难以量化这些知识到底产生了多大的经济效益。我们会发现，知识投入的"数量"远没有知识"生产力"（即质量）产生的经济效益更为明显。因此，传统经济学关于"投入资源量与产出的经济效益"的关系模型在知识经济学中的适用性仍有待验证。

三、知识生产力

生产力阐述了生产过程中人与自然的关系，是具有劳动能力的人和生产资料相结合而形成的改造自然的能力[②]，包括了劳动者、劳动资料、劳动对象三个要素。知识经济的创新体现在引入知识生产要素的新组合，知识生产力指将人类的知识运用于生产过程而产生的生产力，即知识转化为技术的能力，以及知识生产力催生知识经济的能力。

随着新经济的快速发展，我国逐步形成了以知识和技术为核心的经济资源，这种资源是企业无形资产演变的结果。与传统企业相比，他们在很大程度上避免了机械设备、土地等支持大规模生产的有形资产的限制，逐

---

① 德鲁克.知识社会.赵巍，译.北京：机械工业出版社，2021.
② 许光伟.广义生产力理论与马克思主义劳动价值论理论基础的重建——一个综述马克思主义劳动价值论的分析框架.生产力研究，2003（2）：83-87，240.

渐转移到商誉、知识产权、专利技术等无形资产的积累[1]。这些无形资产不具备物质状态，却能为企业带来长期利益，同时体现出知识生产力的独特属性。

第一，边际成本递减，边际效益递增。知识传播者的知识作为生产要素，不会因为"传授"他人而消失。知识具备可复制性、共创性、共享性。知识生产力建立在知识生产、传播和使用的基础上，信息化发展使知识的更新生产、传播扩散速度大大加快，促使技术革命到产业革命的周期缩短，技术产品的市场生命周期缩短，知识转化技术的成本大大降低，并逐渐趋于0。例如，深度学习模型在研发阶段，即知识创造阶段，需要科研成本的投入、研发人员的投入。一旦研发进入应用，当特定应用场景下的深度学习模型训练成功后，新的使用者并不会重复之前知识创造的过程，而是基于前人知识创造的成果，迭代或直接应用。在开源、开放、资源整合的经济环境中，越来越多的使用者直接采取的是"拿来用"主义。于是，同样开发一款新产品，第一个训练深度学习模型的企业在开发新产品过程中需要考虑算法研发的成本；而后面"拿来用"的企业在研发新产品过程中，如果不考虑知识产权引发的知识成本问题，后期的企业关于该算法的研发成本趋于0。这一特性有别于自然资源，无论使用多少次石油、木材等，每次都需要考虑这些自然资源的成本。

第二，摆脱了地域和国家的限制。知识资源不同于传统的自然资源，没有天然的知识贫国和富国。知识生产力表现出全球性的特点，知识的扩散和科技进步对促进全球化具有重大意义。各个国家面对的竞争都不再是

---

[1] 常泽远. 基于新时期背景下知识经济无形资产会计问题研究. 现代商业，2022（20）：169-171.

本地或国内的竞争，相反却是全球范围内的竞争。特别是迅速发展起来的信息通信技术，大幅缩短了世界各国的交流距离，使世界各国人们的思维和活动可以在同一时间，通过虚拟空间进行交流。这一特征使得新兴服务业实现了跨时空的贸易合作。例如，跨国际合作研发服务、在线咨询服务、远程教育服务、在线图文设计服务等。以远程教育服务为例，国内外的一些慕课平台提供了大量在线课程，国际课程如哈佛大学公开课，国内课程如各大高校联合制作的教师资格证在线培训课程等，均为不同地方的师生提供了学习的平台。这些远程课程不仅摆脱了国家、地域的限制，在学习时间方面也更加个性化，因人而异。

第三，可持续发展的生产力。工业经济以有限的自然资源为基础，过度使用并依赖有限的自然资源，劳动者通过加工这些自然资源，制造成新产品，并提供给市场。知识经济环境下，知识型劳动者通过知识"构建—创新—应用—反思—内化—再创新"的过程，将知识转化为生产力，加速推动着技术革命，促进着产业创新与升级。如果说以自然资源为生产要素的产业经济是一种以"消耗"资源的方式为特征的产业类型；而以知识要素为特征的无形资源，则是一种以"放大"资源的方式为特征的产业类型。知识生产力是以取之不尽、用之不竭的知识资源为基础，新的知识不会在"消耗旧知识"的基础上产生，而是"站在已有知识的肩膀"上衍生而来，知识的生产使"已有知识"不减不灭。随着新的知识不断生产，知识这一生产要素会呈现出指数型发散式的增长，也使得知识生产力进一步加速产业的更迭，这也为可持续发展提供了可能性[①]，知识成了推动社会经济发展

---

① 齐红. 知识经济. 现代情报, 1999（6）: 28-29.

的强大引擎。尤其是中国传统的经济发展模式主要依赖于自然资源和人口红利优势，对资源和环境的破坏性较强。而知识生产推动了产业创新，促进知识成果向生产力转化，有助于自然资源的高效和可循环利用、环境的修复与恢复、产业结构的优化升级、经济增长方式的转变等，有助于实现经济社会的跨越式发展和可持续发展[①]。

第二节 "双元创新"路径下的数字经济

新的知识经济催生了新技术、新产品、新模式、新产业，这些"四新"经济也在不断挑战着传统市场监管体系。新经济本质上源于新技术下的社会进步、新产业新业态引导下的经济发展、新模式潜移默化的社会分工改变等需求[②]。其本质是实现产业现代化，也是顺应新的知识社会革命的必然选择[③]。知识资本将是未来经济发展的引爆点[④]，本节探讨了"四新"经济带来的市场监管挑战，为完善智慧的市场监管体系提供理论与实践基础。

一、双元创新与数字经济

知识经济是以知识为基础的经济，高科技产业是知识经济的骨干。技术创新对于经济繁荣具有重要意义。科学技术革命是知识经济的原动力[⑤]。

---

① 王爱东，鹿婧. 知识经济下的化工企业经济管理创新与实践——评《化工技术经济》. 材料保护，2021（4）：163-164.
② 胡春燕. 基于信息技术革命的新业态和新模式演化机理及效应. 上海经济研究，2013（8）：126-132.
③ 郭振英. 新型工业化道路的特点. 经济研究参考，2005（52）：2.
④ Burton-Jones A. Knowledge capitalism: business, work, and learning in the new economy. Oxford: Oxford University Press, 2001.
⑤ 孟海贵. 知识经济与新经济. 经济问题，2003（2）：14-15，61.

随着数字技术的快速发展，应用云计算、大数据、虚拟现实、人工智能、物联网、区块链、3D 打印等技术的新经济迅速成为现代经济社会的新生力量，形成了数字经济[①]。有别于传统经济，数字经济打破了经济体之间的时空限制，通过资源共享、共创共赢等路径从根本上影响着企业创新行为[②]。数字经济是创新性知识这一生产要素主导的创意产业，也是真正意义上的一种知识经济形态。

20 世纪 80 年代，伴随"新熊彼特主义"演化经济学的兴起，国家制度结构对于创新和经济繁荣的意义开始受到广泛重视[③]。乔瓦尼·多西定义了"双元创新"。"突破性创新"是与新技术范式兴起相联系的谋求新技术发展轨迹的尝试[④]，强调了从无到有，从 0 到 1 的过程。由于突破性创新促使企业脱离原有技术轨道，通过寻求新知识、拓展新业务等实现创新[⑤]，虽然更有利于企业核心竞争力和长期业绩的提升，但通常具有高风险、高投入、长周期等不确定性和断代性特征。而"渐进式创新"指在既定技术范式所指引的轨迹上进行有延续性和积累性的创新，强调对现有技术的改

---

① Yoo Y, Henfridsson O, Lyytinen K. Research commentary-the new organizing logic of digital innovation: an agenda for information systems research. Information Systems Research, 2010, 21(4):724-735.

② Bertani F, Ponta L, Raberto M, et al. The complexity of the intangible digital economy: an agent-based model. Journal of Business Research, 2021, (129): 527-540.

③ Golichenko O G. The national innovation system: from concept to research methodology. Problems of Economic Transition, 2016, 58(5): 463-481.

④ Dosi G Technological paradigms and technological trajectories: a suggested interpretation of the determinants and directions of technical change. Research Policy, 1982, 11(3):147-162..

⑤ He Z L, Wong P K. 2004. Exploration vs. exploitation: an empirical test of the ambidexterity hypothesis. Organization Science , 2004, 15(4): 481-494.

善、质量升级和可持续性改进的过程[1]。渐进式创新能够帮助企业提高对现有资源的利用率，降低新产品研发风险，但较难实现突破性技术进步[2]。

在"双元创新"理论下，数字经济拥有两种典型的经济模式：一种是以"突破式创新"为首的数字产业，这些新产业并非由传统行业演变而来，而是在新市场需求、新科学技术发展中应运而生，具有创新性、前沿性，例如3D打印与个性化定制服务、可穿戴设备产业、机器人智能制造、虚拟现实产业；另一种则遵从"渐进式创新"方式，将传统产业与数字技术结合，通过优化升级，形成新模式、新产品，例如数字金融、智慧物流、远程教育等。

李海舰和李燕在《对经济新形态的认识：微观经济的视角》[3]一文中指出，数字经济遵循着"技术—（规则）—经济"范式的作用路径。其中，平台经济和智慧经济遵循直接作用路径，以互联网为代表的"新技术群"直接打造全新的数字化和智能化的经济新形态。而尾部经济、共享经济、零工经济、全时经济、空间经济、生态经济更多遵循间接作用路径，是以互联网为代表的"新技术群"通过强化既有经济体系形成的经济形态，也可说是数字经济的衍生形态。

二、模式一：跨越时空的平台经济

平台经济提供的数字贸易平台形成了与实体经济媲美的"虚拟市场经济"，为产品供给商和消费者提供了区别于实体店的线上贸易服务。

---

[1] Kogut B. Varieties of capitalism: the institutional foundations of comparative advantage. Administrative Science Quarterly, 2003, 48(1): 157-163.

[2] Benner M J, Tushman M L. Exploitation, exploration, and process management: the productivity dilemma revisited. Academy of Management Review, 2003, 28(2): 238-256.

[3] 李海舰，李燕. 对经济新形态的认识：微观经济的视角. 中国工业经济，2020（12）：159-177.

首先，平台的整合力促使企业由竞争关系转为共生关系。平台运营商通过安全的科技与数据驱动技术，集成客户关系管理系统与供应链管理系统，将原材料供应商、制造商、分销商、零售商、物流服务商和消费者联系起来，帮助顾客、员工、生产方、供货方以及商务伙伴充分集成、利用已有资源，形成新的万物互联的生态整体，合作共赢代替企业竞争。数字平台也通过电子化、数字化技术，用电子流代替了实物流，大量减少人力、物力和时间成本，提升平台运行效益。

其次，消费者、中小企业和其他各方也从平台经济中获益。消费者需要高质量的电子商务平台服务来支持他们的国际交易。中小企业在全球市场上的竞争力通常较低，而电子商务平台运营商为中小企业提供友好的营销平台，帮助他们销售产品或服务。电子商务平台运营商服务的供应链也通过提高供应链的效率来节省企业的运营成本。

本书列举以下几种典型平台经济。

（一）电商经济

电子商务平台运营商是最重要的数字服务提供商之一。电子商务平台的服务质量不仅关系到消费者的日常生活，也关系到行业的发展。电子商务的远程贸易模式可以是企业对企业（B2B）、企业对消费者（B2C）和/或消费者对消费者（C2C）。

相比于传统线下经营模式，互联网平台提供的商品贸易行为可以不受时间、空间的限制，进而加快了产品流通速度。电子商务平台运营商通过数字技术提供远程贸易平台，将原材料供应商、制造商、分销商、零售商和物流服务提供商联系起来。供应链从分层供应结构转变为共享网络结构，高度依赖发达的物流系统及电商平台对所有利益相关者的协调能力（见图2-1）。

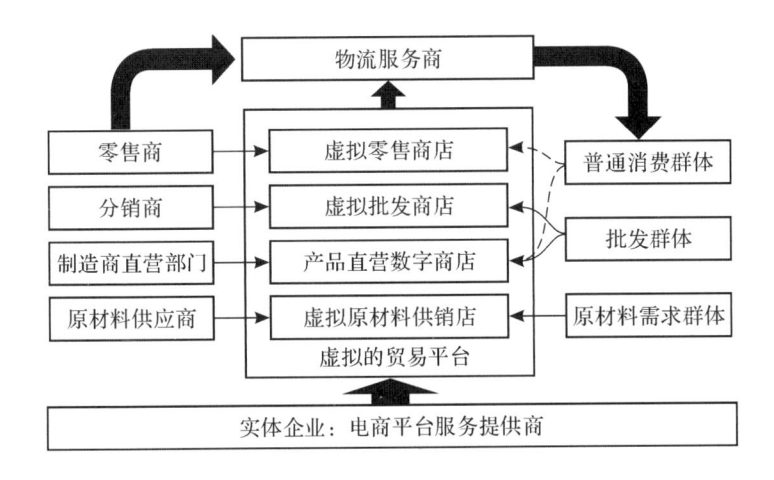

第 2 章　知识社会视角下的市场监管挑战

图2-1　电商平台的线上市场贸易行为

> **案例分享**
>
> 自"互联网＋"模式出现在市场上，我国以淘宝、京东、拼多多为代表的电商平台，极大地激发了线上消费活力。对比各平台用户的特点，有些平台，如京东自营，以自营电商为主，商品种类齐全，目标用户需求相对简单，主要购买个人所需商品，同时关注商品品质、物流时效与贸易安全。而有些平台，如拼多多，用户更为多样化，包括偏好低价商品，通过拼团、砍价等活动获得优惠和福利的用户。此外，当前市场上还出现了以"得物"为代表的电商平台，旨在通过销售前端的商品质检、正品鉴别等服务，吸引高端消费群体对高品质轻奢用品的消费需求。

（二）尾部经济

尾部经济涉及尾部产品、尾部客户、尾部市场，在"新技术群"加持下的虚拟空间为企业尾部力量带来了重要利润来源。长尾经济这一经济学术语，由克里斯·安德森在 2004 年提出，指许许多多小市场总和等于或大于单个大市场。这种经济文化的产生源于为数较少的主流产品和市场（需求曲线的头部）向数量众多的狭窄市场（需求曲线的尾部）转移的现象和趋势。其基本原理是，只要存储和流通渠道足够大，需求不旺或销量不佳的产品所共同占据的市场份额可以和那些少数热销产品所占据的市场份额相匹敌，甚至有过之而无不及。

传统电商平台如同综合性大型网络超市或线上商城，无差别地售卖任意商品。不同于实体店，基于长尾理论的电商平台针对小众商品，通过线上专营店的形式，吸引有特定偏好的消费者群体。发挥其跨越时间空间的特性，从全国各地吸引相关消费者群体在其平台上选购个性化的"尾部"

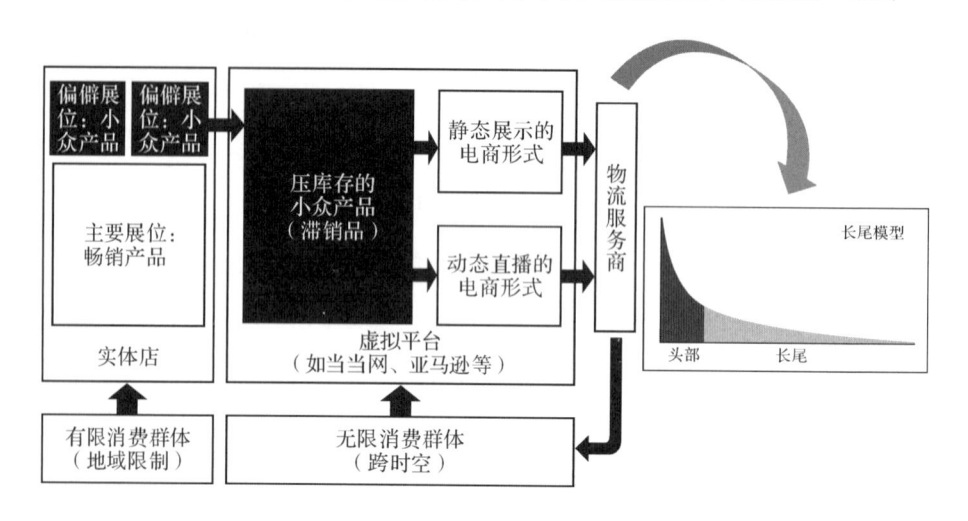

图2-2　基于长尾理论的尾部经济

商品，以突破传统实体店依靠地域特征、有限消费群体的"畅销商品"营销方式，并带来更大的利润空间。例如，支持网上购书的亚马逊、当当网；支持音乐消费的网易云音乐、酷狗音乐；支持在线买菜的叮咚买菜；支持在线电器购买的苏宁易购等（见图2-2）。

（三）直销经济

直销行为表现为商品制造商通过去除中间商等市场营销网络（如批发商、零售商），采取厂家直接面向消费者营销的方式，以降低商品流通环节成本并满足顾客利益最大化需求的营销行为。数字平台为厂家直销行为带来了新的营销体验，使制造商能够通过线上线下方式，同步打造直销模式。典型代表是宜家家居实体体验店与线上 APP 结合的直销模式，以及小米、OPPO、华为等以生产商主导的线上线下直销平台（见图2-3）。

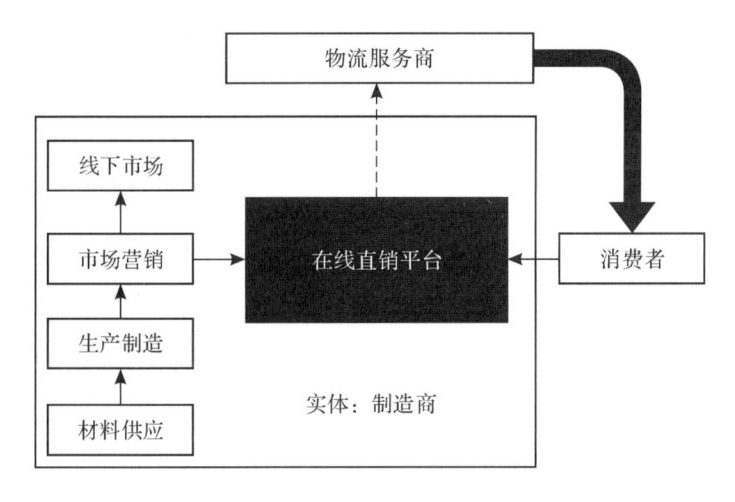

图2-3 直销经济的线上营销行为

（四）共享经济

共享经济涉及共享资产、共享部门、共享员工、共享客户，强调企业从追求所有权规则转向追求使用权规则，典型代表有云技术、共享单车、共享雨伞、图书租赁、共享充电宝、闲鱼等。共享经济的特点是对闲置资源的利用、特定时间使用权以较低价格的让渡，其本身也是数字服务的一种衍生产业，具有非生产性、短周期性、互动性、个性化，强调了从物权到使用权的转型，即产品的交易到租赁服务的转型。其资源提供方既可以是机构、企业，也可以是个人；消费者自身也可以是资源提供方，即消费者和租赁者集于一体（见图2-4）。

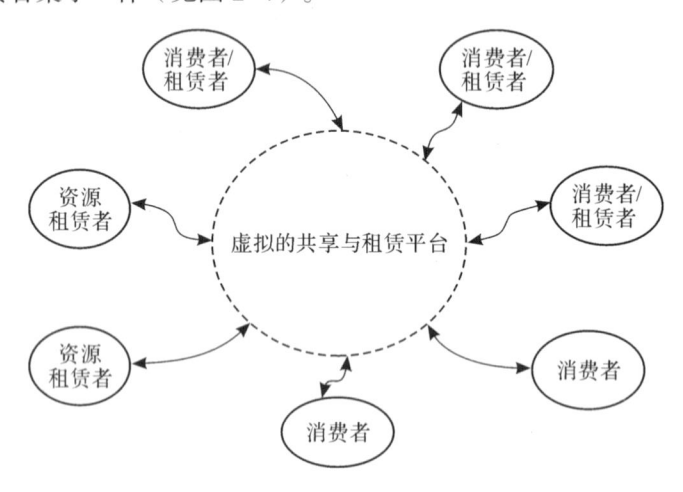

图2-4　资源共享的虚拟交易平台

（五）零工经济

零工经济属于共享经济的特例，即把人力资源也当成共享资源，将个体看作微观经济主体，围绕企业雇佣模式变革创造出的新型劳动用工制度。需求方将人力资源需求发布到互联网平台，"零工"工作者通过响应来寻求短期项目合作，实现从"一人一职"到"一人多职"的工作模式（见图2-5）。这种模式区别于传统"朝九晚五"，利用互联网和移动技术快速匹配供需方，具有时间短、灵活的特点，主要包括群体工作和经应用程序接洽的按需工作两种形式。根据麦肯锡全球研究院的分析，在美国和欧洲，有 10%—15% 的适龄工作人口通过打"零工"谋生，还有 10%—15% 的人把打"零工"作为主业之外的副业，实际参与人数超过 1.6 亿人[①]。2021 年，据人社部公布的数据，中国灵活就业从业人员规模达 2 亿人左右。

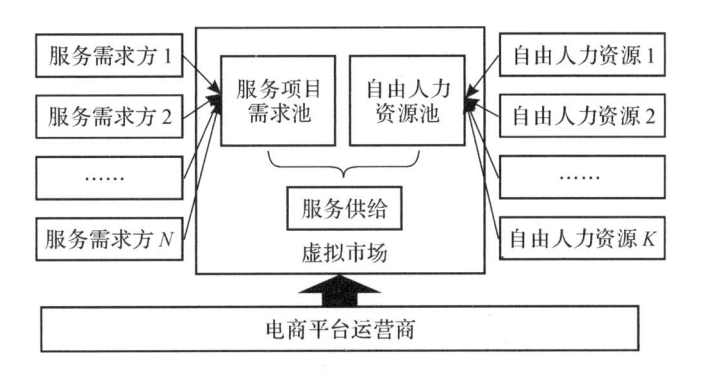

图2-5 自由人力资源共享的虚拟贸易平台

（六）体验经济

网红直播带货将嵌入式广告与电商营销模式进行了整合，并推动了体验经济的快速发展。体验经济涉及消费过程与生产过程合一、消费者与生产者合一的新经济形态。体验经济是服务经济的延伸，强调以顾客为中心，强调顾客的感受性满足，重视消费行为发生时顾客的心理体验。例如小红书、大众点评、携程等数字服务平台，通过博主分享服务体验，或直接直播带货，或评选好评榜单等方式，以互动模式拉近了买卖双方距离，更大程度展示了产品的真实性，提高了顾客黏性。

---

① 严飞.用社会学的想象力理解零工经济.文摘报，2020-12-24（6）.

（七）空间经济

空间经济也是特殊的平台经济、全时经济、生态经济，典型案例是元宇宙。随着物联网、虚拟现实、区块链、云计算、人工智能、数字孪生等技术的迅速发展，数字虚拟市场从传统"互联网+"向元宇宙转型趋势也是显著的。元宇宙集数字生产、数字流通、数字消费为一体，通过创建新的虚拟空间，参与者以数字身份或虚拟角色开展各类数字产品的生产和交易活动。元宇宙将"在线"变为"身临其境"，变二维网络电商平台环境为三维立体网络空间（见图2-6）。在空间经济的概念下，最先影响的是文娱产业，包括游戏、电影、社交媒体等服务业。仅2022年开年，"元宇宙"领域的全球投资就已达896亿美元[①]。智能化生产方面，李普超等学者提出了"从汽车智能化发展到汽车行业元宇宙展望"，通过技术构架的讨论，提出元宇

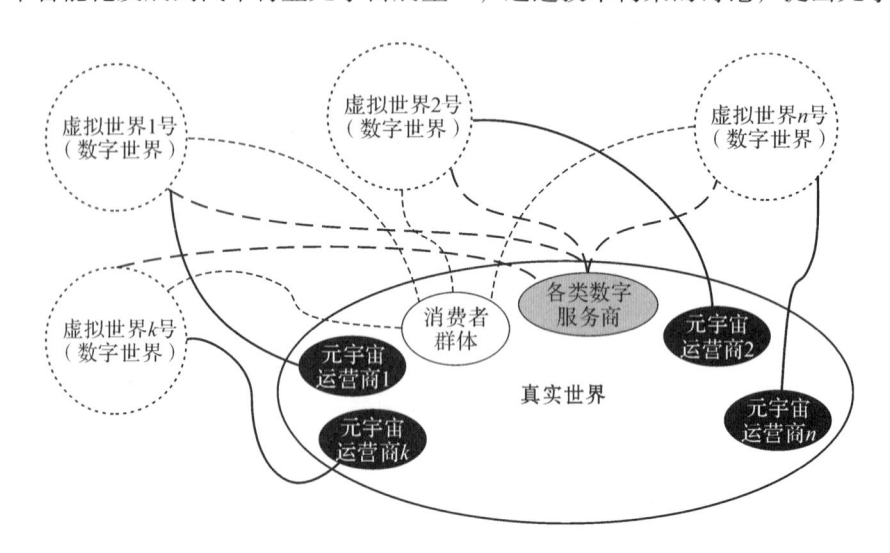

图2-6 从互联网到元宇宙消费行为的转变

———————
[①] 黄子婧. 玩具业切入"元宇宙"畅想. 中外玩具制造，2022（4）：11，32-34.

宙有助于"工业全生命周期虚实共生""全息智能制造""智能经济体系",通过物联网实现高沉浸感、全实时数据仿真的生产智造[①]。

二、模式二：跨界融合的智慧经济

智慧经济强调了企业由"他组织"经营模式向"自组织"（智慧）经营模式的转变。智慧经济源于人工智能技术的发展，强调了智慧系统的自学习能力，以及不断获取和运用知识求解的能力，体现在知识和智力的总和。智慧行为包括了智能制造过程中系统开展自主分析、推理、判断、构思和决策等行为。通过人与智能机器的合作，以扩大、延伸或部分取代人类专家在制造过程中的脑力劳动。制造自动化的概念由此也扩展到柔性化、智能化和高度集成化。

智能制造系统因其系统独特特征，引发了新一轮的产业升级，并出现了新的智慧经济。尤其是大数据、云计算、物联网、区块链、柔性自动化、人工智能等新技术的发展催生了智慧经济的快速发展。先进制造业和现代服务业深度融合也是经济发展到一定阶段和水平的必然产物。两业融合发展主要包括了制造业服务化、服务业制造化两大方向。以下是两类典型智慧经济形态。

（一）智造经济

智造经济是制造业服务化的典型代表，涉及智能产品、智能生产、智慧管理、智慧农业等产业升级类型。

产品衍生服务是智造经济的第一个特征，其特点是"制造商不卖产品卖服务"，主导向用户提供完整的解决方案（见图 2-7）。专业化系统服

---

① 李普超,丁首辰,薛冰.从汽车智能化发展到汽车行业"元宇宙"展望.内燃机与配件,2021(24):164-166.

务已成为当前的消费趋势，制造企业免费或收取周期性服务费用，向用户提供产品，并从产品的衍生服务和完整的解决方案中获利。传统制造企业的价值链偏短，过去常常止于"单一提供设备制造"和"销售"，"就是一锤子买卖，卖掉就了结"。新经济下的制造企业转型为用户需求导向的工程解决方案、战略咨询、技术信息咨询、在线监测及故障诊断、在线技术支持等完整解决方案，其价值链包括"研发→采购→生产→营销→销售→服务"等基于产品生命周期的生产与服务环节。

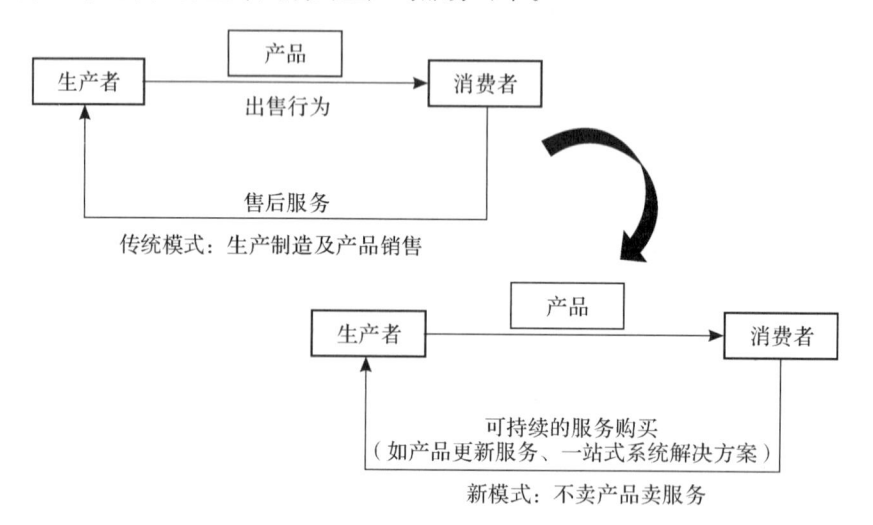

图2-7　制造业服务化：不卖产品卖服务

例如，传统软件行业，消费者直接购买最新版的软件，安装并应用即可，属于一次性消费。如果需要更新后的软件，需要再次购买新的软件。而新经济下，软件提供商倾向于用户免费下载，以获得更多用户及市场份额。在众多免费用户中，寻找愿意购买可持续性更新服务的用户（例如月使用费、年使用费等），通过提供更新服务、VIP用户特权、在线技术支持等服务，获得盈利。

产品智能化是智造经济的第二个特征,其特点是产品的高科技性。传统制造业通过数字赋能,将传统产品(如手表、眼镜、首饰等)升级为新的高科技产品,市场中出现了各式各样的数智化产品,或可穿戴设备。有的甚至是颠覆性产品,如手环式投影手机、虚拟现实的隐形眼镜等。

案例分享

产品智能化的一个典型案例是关于适老化产品的创新案例。不同于传统供给侧经济学家认为人口老龄化会抑制中国企业的创新发展,一些研究证明了人口老龄化将有助于推动中国企业的创新行为。对于劳动力成本较高的企业,这种增强效应更大,这与"为了节约劳动力而创新"以应对人口结构变化的观点相一致。此外,这种积极效应在国有企业尤其显著,针对年龄较大、人员过剩的国有企业,尤其长期从事"渐进性创新"的企业,人口老龄化有助于此类企业产生更多的突破性创新(即从0到1的创新活动)。因此,面临人口老龄化的企业可以通过调整企业战略,鼓励创新,有机会获得未来的成功。

人口老龄化进一步推动了"银发消费品"领域的产品研发与消费。一些企业通过深入了解老年人需求,创新性地研发了适老化产品,例如老年洗澡椅、床边扶手架、防撞角、防褥疮垫、安全扶手、SOS报警环等。此类创新性产品依据老年人的人体工效学改良传统消费品,多属于渐进性创新。另一类产品,如智能起卧床、陪伴型机器人、机器人保姆等,此类创新性产品具有高科技特征,研发了适应老年人需求的智能产品。然而,不同于其他智能化产品,适老化产品更体现了康养层面的专业领域应用。

（二）融合经济

跟智慧经济相关的服务业制造化的典型代表是融合经济。例如数字赋能物流服务业形成外卖机器人、物流机器人服务；数字赋能消费超市形成了无人超市；数字赋能教育培训形成了远程教育；数字赋能餐饮服务形成了无人餐厅；数字赋能医疗服务形成了互联网医院等。这类创新服务依托传统服务业，通过数字技术实现了产业升级，形成了新模式、新业态（见图2-8）。其本质上提供的依旧是传统服务，但是模式不同，凸显了人工的替代和跨时空的服务供给。

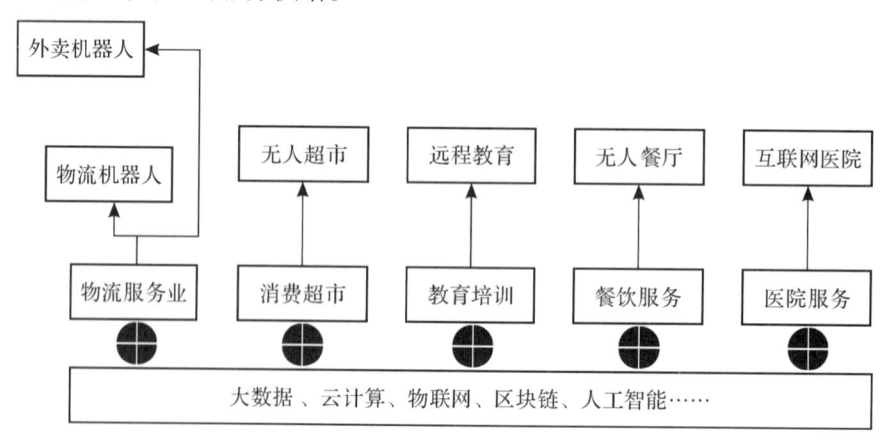

图2-8 数字赋能传统经济形成的新模式、新业态

（三）定制经济

服务业制造化另一典型特征是"服务衍生制造"，形成了新的定制经济。《ISO 23592 优质服务的组织能力——原则与模型》提出了针对定制服务的优质服务金字塔模型。优质服务是基于顾客独特需求的个性化、定制化服务，服务的目标是触动顾客，在服务效果上顾客能感受到愉悦、惊喜、超乎预期的服务体验。具体到顾客自身，优质服务不仅仅是顾客与服务方

交易时感受到的轻松、舒适、温馨，由于服务的人性化、个性化、定制化，从多角度考虑到了顾客高情感的价值需求，其服务让顾客感受到了被尊重、被理解，由此产生了顾客会说"哇！"的"惊喜"服务效果。为了实现这一原则，服务专员强有力的顾客关系维护，持续性地与顾客沟通交流，共同识别顾客终极需求，明确问题所在，与顾客共同定义理想的服务体验目标，鼓励顾客参与到定制化的服务内容设计过程中（即服务共创），以实现每位顾客因"你"（服务者）而不同。

案例分享

3D打印技术是一种以三维数字模型文件为基础，运用粉末状金属或塑料等可粘合材料，通过逐层打印方式来构造物体的技术。3D打印作为新技术催生了个性化定制产业的发展，引发了新的生产和服务模式变革，对传统制造业（如玩具生产、模型定制、假肢、服饰等）及服务业（物流、产品研发等）均有不同程度的影响。

典型的模式变革体现在：传统制造业基于市场调研明确产品研发需求，通过大批量生产制造，进入市场营销、售后与改进环节。而基于3D打印的个性化产品定制，以顾客与生产者"共创"的服务模式，共同明确产品需求、设计产品样品，通过3D打印服务实现个性化产品的制造服务。由此可观察到，传统制造业的生产者因为大批量生产，收益是在市场推广之后，由消费者购买而产生的。在此之前的投入均由生产者承担。因此，"成本"是最关键的生产要素。而类似3D打印的个性化产品定制服务，其收益是在与消费者共同设计产品环节产生的，即在生产制造之前，因此，"服务"是最关键的环节（见图2-9）。

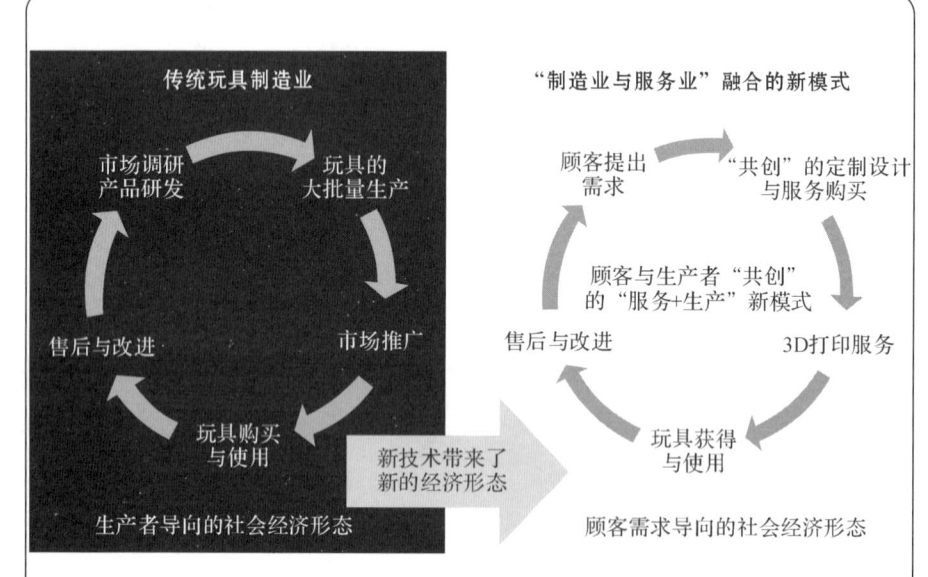

图2-9 传统制造业与"服务+生产"模式的对比

例如，服装、饰品与3D打印结合在一起时，出现了新材料、定制化、个性化、极具复杂度的新式服装、手包、鞋子、首饰等。除了时尚装饰品，3D打印技术还在医疗和残疾人辅助器具领域发挥着重要的作用。传统辅助产品（例如假肢）的设计和生产是十分复杂和昂贵的，也很难实现个性化定制的服务要求。而3D打印的技术依赖"3D设计图稿——3D打印服务"这一流程，只需在3D图稿设计阶段，为响应不同客户的需求设计个性化的产品样稿，顾客自行选择3D打印材料（如塑料、金属、陶瓷、硅胶等），使用3D打印机便可完成产品的个性化定制，而且也大大降低了个性化定制的生产成本。以往一具假肢的售价至少在万元，如果选择廉价材料的3D打印技术，售价可低至千元，为寻常百姓带来了福利。

第三节 新经济带来的市场监管挑战

一、跨时空的特性与市场监管挑战

互联网是全球性的，这也决定了电子商务平台也是全球性的。通过虚拟贸易平台，买卖双方可以在开展贸易活动时不受时间、地域限制，企业也更方便地开展市场营销活动，使客户更便捷地获得产品或服务。通过突破时间和空间限制，交易活动可以在任何时间、任何地点进行，效率得以提高。然而，数字经济的跨时空特点也引发了跨地域贸易纠纷等市场监管问题，具体如下。

（一）跨地域的贸易纠纷

虚实结合的贸易行为需要多地域联合统一、达成共识的市场监管规则，以适应竞争监管全球化，实现与国际接轨。例如，数字经济具有广域性、跨时空性、平台性，其虚拟贸易平台极大改变了交易行为。数字经济早已突破国家之间的疆域界限，国与国之间内在联系深度交织。数据跨境流动、海外并购、数据安全等一系列新问题，随着数字经济的跨国发展日益显著，引发国家间贸易纠纷及监管矛盾[1]。双边贸易中的跨境电商因售卖产品质量不过关而产生跨境贸易摩擦[2]。此外，这一现象也出现在省域间平台贸易，针对线上跨地域的市场销售行为，由于销售方、平台商、消费者不在同一

---

[1] 顾欣欣，王帅．数字市场监管改革的需求挑战与对策．中国价格监管与反垄断，2023（2）：32-35．

[2] 何艳宾，吴桥，任春艳．产品质量监管下电商平台与直播商家博弈演化分析．浙江万里学院学报，2022（4）：1-7．

个省份，即使监测到其产品和服务质量的安全问题，也难以通过传统的省内市场限制措施来保护消费者权益。

（二）全时供应链的不可靠性

数字经济不受时间和空间限制，能够实现动态交易的全时响应，但同时也严重依赖供应链和物流的稳定性。这种虚实结合的贸易方式，不仅要求虚拟贸易平台的全时稳定、在平台上经营的电商的全时响应，更要求交易成功后，支持整个电商平台生态系统实体运营的供应链的完整性与运营的可靠性。在整个实体运营供应链中，任何服务商导致全时供应链的不可靠事件发生，均会引发顾客投诉与不满，甚至引发跨地域的贸易纠纷。例如，跨境商品的错误配发、配发时间的延迟、跨境售后服务响应时间过久、跨境物流服务断链事件（如自然灾害、不同地域的劳动文化引起的事件），甚至跨地域市场监管规定不同引发退货事件等。

二、对科技的高度依赖与市场监管挑战

无论是平台经济、智慧经济、尾部经济、体验经济、共享经济、还是零工经济，它们的技术基础都是以互联网为代表的新技术群。这一基础性关键技术群具有公共属性，其在与实体经济融合中常被交叉、组合使用，进而导致多个经济新形态间具有共同的新技术、新规则。例如，电商平台运营商应用信息和通信技术来建立商业环境和基础设施，如云技术、物联网（IoT）、虚拟现实（VR）。同时，他们应用数据驱动技术来管理、运营、维护和改进其组织和运营活动，如大数据、人工智能、区块链、数据库管理系统。然而，数字经济高度依赖技术创新的特点引发了"与数据相关行为"的市场监管问题，具体体现如下。

（一）交易主体的模糊性

在数字经济中的参与者，包括消费者和生产者，在虚拟环境中均可扮演多种角色，拥有多个身份，并非所有数字平台要求实名认证，虚拟市场中的交易活动会给"灰色"交易、偷税漏税等实体经济中的违法行为提供虚拟空间[①]。

（二）个人数据的安全性

数字经济中，数据作为特殊的生产要素，在数字贸易平台中被随意抓取，数据滥用、数据泄露等数据安全问题频发。数据交易在理论上涉及数据溯源、价值认定、使用控制、隐私保护、建立信任等诸多难题，公众利益容易受到侵害。

（三）数字交易的无序性

虚拟贸易市场与实体贸易市场的经济活动具有相似性，但又有着自身的技术性、隐蔽性，导致监管困难。虚拟平台除了可以交易实体经济中的商品，还出现了看不见、摸不着的数字产品（如游戏装备、数字藏品）、数字货币交易。经营者以大数据分析、分类消费者，容易产生歧视性、限制性消费（如大数据杀熟）等不当市场行为，当出现交易纠纷时，很难找到现有法律法规进行规制。

（四）市场信息的不对称性

由于数字平台是为多方交易（包括原材料商、供应商、零售商、物流及消费者）提供的平台服务，并不掌握交易双方的关键交易信息，这导致了市场信息不对称的问题。加之商品质量监管机制的不完善，网络欺诈时

---

① 上海市市场监管学会课题组.元宇宙数字虚拟市场监管规范研究.中国市场监管研究，2022（11）：50，73-76.

有发生。尤其当电商平台发展至中期阶段，为了扩大市场占有率，吸引更多商家和消费者，更偏向于采取宽松的质量监管制度。随着商家规模越来越大，其容易引发"店大欺客"的欺诈行为。李建红等[1]针对信息不对称下第三方电商平台质量监管机制的博弈研究发现，当电商平台发展至中期，为了扩大规模，吸引更多消费者和入驻企业，电商平台经营者倾向采取管制宽松的措施，平台若不监管，欺诈商家的比例为33%，若采取质量监管制度，则欺诈商家的比例为4%。

三、多方利益共生与市场监管挑战

新技术不仅催生了新业态、新产业、新模式，更从不同层面形成了一种完整的开放式系统，或者说新的市场生态链、生态圈、生态群。虚拟贸易平台把顾客、员工、供应商、物流方以及其他合作伙伴等各利益相关方关联到一个生态系统内，使各类企业由竞争关系转变为共生关系。这个由新技术群催生的生态系统通过系统内各利益相关方的资源共创共享，快速自我膨胀，抢占市场份额。然而，有市场就有竞争，被排除在这个生态系统外的经营者或其他利益相关方，由于无法获得该生态系统的共享资源，在市场中处于劣势。但处于劣势的经营者为了更好地发展，最终会加入这个快速膨胀的生态系统中，成为其中一分子。于是，这个虚拟的生态系统形成了新的垄断。数字是虚拟市场的重要生产要素，拥有数据的多寡、应用数据的广狭决定了数字平台（如元宇宙）的市场话语权。由于尚无针对虚拟市场竞争行为的有效约束和规范机制，各类数字虚拟市场主体之间的

---

[1] 李建红，罗晓萌，史伟扬.信息不对称下第三方电商平台质量监管机制——基于双边市场理论.系统管理学报，2023（4）：853-864.

竞争仍处于无序状态,也带来了市场监管问题,具体体现在以下几个方面。

(一)虚拟市场龙头的垄断

平台模式是数字经济的典型商业模式,通过数字平台将市场各参与方汇集起来,形成有效的供需匹配[①]。然而个别具有高技术团队、雄厚资本的虚拟市场经营主体通过用户量的累积,通过快速自我膨胀,迅速抢占虚拟市场,形成顾客的高依赖度,利用垄断性协议、滥用市场支配地位,拉高市场准入门槛,占据市场垄断地位。虽然数字平台的用户的多归属性对小平台发展是友好的,但在特定条件下,供给端的多归属行为可能导致消费者在某一具有先发优势的平台上聚集,从而排除或限制市场竞争[②]。

(二)层出不穷的反竞争行为

数字经济的深度发展体现为生态产业链上数据的市场化及动态竞争[③],其内部层出不穷的反竞争行为也逐渐暴露,由于数字平台具有"赢者恒赢""强者恒强"的特性,在资本推动下造成无序扩张。平台借助其网络规模、算力、算法、数据等方面的优势地位,促成平台二选一、自我优待、扼杀式并购等新型垄断行为,给市场公平竞争秩序的维护、消费者利益的保护带来隐患。

(三)商业欺诈的蒙蔽性

资源的共创共享也吸引了非法融资集团的注意,例如打着元宇宙新技术新产业的旗号开展诈骗等市场欺诈活动。这类欺诈行为又具有隐蔽性,

---

① Caillaud B, Jullien B. Chicken & egg: competition among intermediation service providers. Rand Journal of Economics,2003,34(2):309-328.
② 伏啸,李玲芳,居恒. 数字平台竞争问题综述和研究展望. 研究与发展管理,2022(6):1-13.
③ 陈兵. 数字经济发展对市场监管的挑战与应对——以"与数据相关行为"为核心的讨论. 东北大学学报(社会科学版),2019(4):388-397.

不懂技术的投资者容易受骗[①]。此外，数字平台中的非正常交易容易映射到实体经济，例如炒虚拟货币、炒数字藏品等，可能会扰乱市场秩序。

（四）第三方的非专业性

围绕复杂形式要件的审批又派生出各类中介服务机构，形成了多种利益链条。监管部门出于对审批的信任和监管资源的客观约束，对获得许可进入市场的经营者缺乏有效监管。这种"政府背书式"审批吸引了越来越多经营者寻求第三方的咨询服务，因为一旦获证就意味着政府信誉担保，还能享受监督执法的灵活度。由于市场监管机制中缺失针对第三方资质认证结果的严格监督、针对第三方专业人员从业资质的严格约束，致使市场上出现第三方专业人员准入门槛低的乱象，有些评估人员缺乏相关领域工作经验，刚刚大学毕业，参加了几天简单培训，便可获取资格证书，这与评估项目对专业性和工作经验的要求严重不符，难以保证第三方承担的认证认可、质检服务、安全评估、环境影响评估结果的科学性。甚至由于收取了经营者的服务费用，第三方咨询企业不能站在政府监管和消费者的立场上，公平客观地给出评估结果，这一现象进一步加剧了市场监管部门识别市场风险的困难。加之缺失有效的市场退出机制，反而为产业低水平重复提供了制度性前提。

四、跨界融合创新与市场监管挑战

互联网使传统空间的概念发生了变化，处于世界任何角落的个人、公司或机构，都可以通过数字平台发生紧密的联系，以达到信息共享、资源

[①] 上海市市场监管学会课题组. 元宇宙数字虚拟市场监管规范研究. 中国市场监管研究，2022，361（11）：50，73-76.

共享、智力共享。数字平台打造了资源共创共享的生态环境,促使企业的组织结构趋向扁平化发展,高效的组织内外部沟通平台使顾客、员工、供应商、物流方以及其他合作伙伴的关系更为紧密,进一步加速了各类创新活动,促进问题的迅速解决和决策的快速制定,同时带来了动态过程性的市场监管问题,具体体现以下几个方面。

(一)平台中介的不确定性

当前的市场监管机制仍是政府通过对数字平台的监管实现产品和服务质量安全的间接监管。一些学者开展了政府对平台实施奖惩措施与平台流通产品的质量问题的相关性分析。颜卉等[1]认为政府通过对数字平台实施奖惩措施能够督促数字平台制定策略,开展有效的产品质量监管[2]、商家口碑和信誉监管[3]。然而,如果电商平台不能履行数字平台中流通的产品和服务质量监管义务,产品质量不过关的问题就依然存在。尤其是电商主体,其营利模式扩散,传统监管机制难以监管其市场行为,且其违法所产生的危害更是一般监管所难以预防的。

(二)创新产品的质量风险

政府背书式的静态市场准入制度无法控制市场创新活动的过程性风险。当前市场准入仍依赖"政府背书"制度。企业未必真正关心自身须承担的主体责任,为了获批,投入大量精力准备静态申报材料,甚至反复修改材料,直至符合发证要求。但是,形式上的符合要求,不代表市场流通的商品真

---

[1] 颜卉,于梦晓,孙逸崎.农产品供应链网络信息平台的市场监管政策研究———基于三方博弈模型理论的分析.价格理论与实践,2017(11):58-61.
[2] 桂云苗,龚本刚,程永宏.双边努力情形下电子商务平台质量保证策略研究.中国管理科学,2018(1):163-169.
[3] 李杰,张睿,徐勇.电商平台监管与商家售假演化博弈.系统工程学报,2018(5):649-661.

的能够持续性地满足市场的合规性要求。特别在健康、安全和环境等涉及科学议题的市场监管领域，基础研究欠缺和专业人才不足导致监管能力与技术要求出现结构性差距。于是，监管部门不得不在政策实践中对严格的标准宽松地执行，且更加依赖申报资料的审查。

例如，新媒体、新零售催生了"服务衍生制造"类经济活动，未经工商注册的个体经营者，通过个人生活的分享等积累粉丝关注度，同时利用自媒体直播开展代理商品或自制产品的营销活动，给产品质量鉴定和市场监管带来了很大困难。再如，当前制造服务一体化主要体现在信息技术的深度影响，在线安全检测、在线技术咨询、在线售后与维护等生产性服务，针对制造业服务化的数智化产业，仍缺少针对过程的动态监管机制。由于职能部门并没有针对"不卖产品卖服务"的适应性监管机制，仅依据企业经营内容和经营范围，简单针对商品质量进行监管，忽视其衍生的生产性服务消费行为，这显然是不够的。

第3章

智慧的市场监管理论框架

市场监管指政府行政机构基于公共利益目标,依法采用行政手段、准立法,或准司法手段[1],回应市场失灵(包括微观经济无效率——自然垄断、外部性、公共品、信息不对称、产品安全性、有效性、潜在质量等引发社会不公平等问题)的行政监管工作。本章基于知识经济带来的若干市场监管挑战,结合现行市场监管体系的构成要素,从监管理念、监管主体、监管内容、监管技术、监管机制和监管绩效六个方面探讨智慧的市场监管理论。

---

[1] 安森东. 市场监管现代化:问题与破题. 行政管理改革,2022(5):41-47.

第一节　智慧的市场监管理念

一、"政府—市场—社会"三维框架

针对知识经济的创新性、融合性、多元化等特点，如何采取谦抑、包容审慎、底线监管，以及社会可持续发展原则实现科学的市场监管，是创新产业能否在市场竞争中成功生存下来的关键。普沃斯基(Przeworski)认为理想模式应是政府有权监管私人企业的市场经济决策，同时公众可以问责。公众参与水平直接影响着国家对经济干预的质量和效果。这区别于传统以政府或市场为中心的单向讨论，转向了"政府—市场—社会"三维框架[①]（见图3-1）。

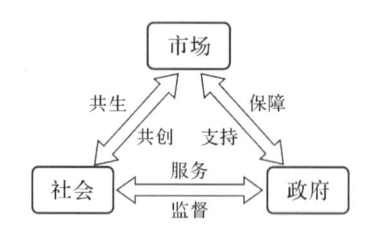

图3-1　"政府—市场—社会"三维框架

[①] 奥斯特罗姆. 公共事务的治理之道：集体行动制度的演进. 余逊达，陈旭东，译. 上海：上海译文出版社，2012：150-168.

（一）"政府—市场"关系

在"政府—市场"关系中，政府通过提供制度支持，保障市场在资源配置中起决定性作用，为市场提供可持续发展的制度生态环境。党的十八届三中全会表述了政府与市场之间的辩证关系。市场对资源配置起决定性作用的同时，政府的作用不仅是必要的，也是积极的。《中共中央关于全面深化改革若干重大问题的决定》明确要处理好政府和市场关系，使市场在资源配置中起决定性作用和更好发挥政府作用。

政府在整个市场的动态平衡中扮演着重要角色，我们将政府与市场二者割裂开是没有意义的。市场治理机制和政府监管机制是相辅相成的。一方面，我国是法治国家，体现在法治政府、法治市场与法治社会，这也是全面推进国家治理体系和能力现代化的基本要求[1]。法治政府是市场发挥资源配置中决定性作用的重要制度保障。另一方面，有为的政府坚持系统观念、统筹施策，坚持依法行政，尤其是在解决市场失灵、实现社会公平正义等方面保驾护航。然而，仅靠政府的单边行政力量管制市场，容易产生"一放就乱，一收就死"的社会现象。市场需要在法定范围内拥有其自由度，能够依据价格规律自发地调节生产经营活动，促使市场内在的调节机制产生张力，市场的活力得以激发。

新时代的市场监管是以社会主义市场经济体制为基础建立的智慧监管体制。智慧市场监管的核心要务是处理好政府和市场的关系，确保政府能够为"市场在资源配置中起决定性作用"保驾护航[2]。因此，构建科学合理的政府监管框架，转变政府职能，创新规范政府监管模式，增强政府公信

---

[1] 张守文.政府与市场关系的法律调整.中国法学，2014（5）：60-74.
[2] 杨新铭，刘洪愧.要素资源错配、供给效率与全国统一大市场建设.求是学刊，2022（6）：40-50.

力和执行力,促进各类政府监管措施间的内在融贯,有效衔接政府监管措施,实现精准治理和协同治理,推进法治政府和服务型政府建设将成为必然趋势[①]。

(二)"市场—社会"关系

在"市场—社会"关系中,市场与社会形成了利益共生关系,通过共创共赢的方式,实现社会的可持续发展。随着市场化程度越来越高,市场扩张对社会产生力的作用,社会随之产生反作用力对市场进行约束。波兰尼用双向运动理论来剖析市场和社会之间作用力和反作用力,市场的扩张运动到一定程度时会引起社会的自救保护运动[②]。市场追求高利润、低成本,而社会追求的是公平、健康、和谐等多元价值,因此,社会力量的启动正是为了抵挡这种唯"利"是图的市场机制。我们无法完全依靠市场来发挥自律作用,市场会失灵、需要干预是既定事实,但如今的干涉力量不再仅仅局限于政府的强制性政治力量,还可以依靠社会性力量进行协调。

(三)"社会—政府"关系

在"社会—政府"关系中,政府通过提供公共服务,帮助社会民众理解市场风险。而公民又通过社会监督,为政府提供市场风险信息,与政府共同参与社会治理,使权力的运转始终围绕着公民权利的保护和实现[③]。习近平总书记强调:"要坚持人民主体地位,顺应人民群众对美好生活的向往,不断实现好、维护好、发展好最广大人民根本利益。"[④]社会对权益保障的

[①] 姚海放.经济法国家观研究:基于社会本位与国家概念的展开.政治与法律,2016(12):13-21.
[②] 波兰尼.巨变:当代政治与经济的起源.黄树民,译.北京:社会科学文献出版社,2013:24-34.
[③] 夏志强.国家治理现代化的逻辑转换.中国社会科学,2020(5):26.
[④] 不忘初心传承红色基因 牢记使命密切党群关系.人民日报,2018-12-14(7).

诉求会转换为对政府的压力，一方面促使政府重视社会力量，赋予其更多的监督问责权；另一方面促使政府更好地发挥作用，比如组建独立型监管机构，以保护公众的健康和安全。因此，政府需要社会的力量共同监督、管理市场，让公民、互联网媒介以及非政府组织对市场进行全方位的监督，形成协同共治合力。

二、服务型政府

（一）服务于市场的政府

服务型政府是以全新的为民服务理念为支撑，强调政府拥有有限社会管理权力、对经济社会负有限责任，通过向市场主体提供公共服务等方式，实现政府对市场主体的互动式管理的政府模式。向服务型政府的转型，助力了监管主体与社会监督主体针对市场监管的纵、横向事权分工与协同，避免了"碎片化"监管，也意味着政府由控制者转为服务者，其管理目标由经济领域转移到公共服务领域[1]。

服务型政府以公民本位、社会本位为理念，通过法定程序按照公民意志组建，以"为人民服务"为宗旨并承担着服务责任[2]。"以人为本"是服务型政府的治理理念；"依法行政"是服务型政府的行为准则；"以市场为导向、以公共服务为特征"是政府管理体系改革的方向；"人民导向"是服务型政府的服务模式，即行政部门要像企业关注顾客需求一样关注公众需求，通过向多元社会主体提供优质服务，满足公众不断变化的需求。国际上，包括加拿大、澳大利亚、新西兰、荷兰、日本等国都掀起了建设

---

[1] 吴玉宗. 服务型政府：概念、内涵与特点. 西南民族大学学报（人文社会科学版），2004（2）：406-410.
[2] 薄贵利，吕毅品. 论建设高质量的服务型政府. 社会科学战线，2020（2）：189-197.

服务型政府的浪潮。归纳而言，当代西方国家的政府再造主要有三方面：一是社会、市场管理与政府职能优化；二是社会力量的利用和公共服务社会化；三是政府部门内部管理体制改革。在我国，《宪法》《行政许可法》等法律和政策，为创建服务型政府提供了充分依据，各地在建设服务型政府过程中做出许多有益探索[①]。

（二）打造知识经济下的服务型政府

动态不确定性的市场环境是知识经济的常态。这种不确定性为企业创新提供机遇的同时，也给企业、消费者、公众、社会和市场监管带来了风险[②]。创新就会有涉及不确定性、敏感性的"新"活动产生。这要求政府不仅要具备针对创新活动的柔性监管能力，对创新产品持"包容性"态度，促进企业创新能力的形成，鼓励市场中的创新企业积极大胆地推动创新，还要保有风险意识，带着明确目的，科学地实施缺陷和浪费管控，提升应对随时可能发生的外部风险的韧性组织能力。

柔性的服务型政府，即市场监管主体把企业、消费者和公众当成"服务对象"，关注创新市场的需求，以政府服务代替政府管制[③]，激发市场内在潜力，通过提供针对企业的市场准入风险指导、针对消费者的质量安全风险交流，以及针对动态市场风险的质量基础设施建设等公共服务，营造优质的市场服务环境，实现社会经济的可持续发展，获得公民对政府的满意和认同（见图 3-2）。

---

① 夏志强，李天兵. 服务型政府研究的理论论争. 行政论坛，2021（3）：41-50.
② 韩保庆，彭五堂. 市场监管怎样助力构建新发展格局. 当代经济管理，2022（4）：1-8.
③ 霍龙霞，徐国冲，许玉君. 相互关联性如何形塑政策工具选择：基于食品安全监管领域的分析. 中国公共政策评论，2022（2）：142-166.

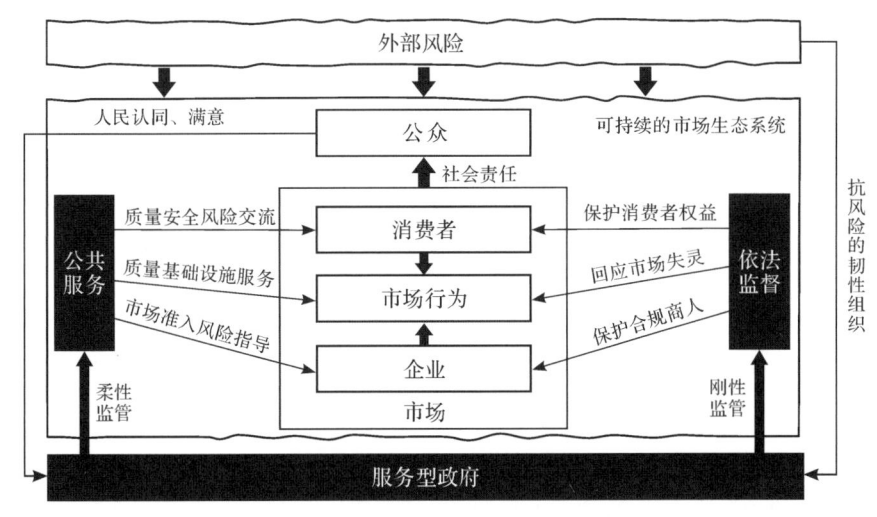

图3-2　知识经济下服务型政府的柔韧性

韧性的服务型政府继承了传统的刚性监管，即注重计划、职责划分、明确标准考核制度，适合保障市场监管的"底线"，例如依法保护消费者权益、保护合规经营者权益、响应市场失灵等市场监管活动。然而，刚性的监管很难适应动态环境下企业创新的需求与变化。柔性的监管结合刚性监管的"包容审慎"的态度，更能适应不断变化的市场环境。

三、智慧的政府

（一）适应虚拟市场的虚拟政府

虚拟政府，即"存在于虚拟空间的政府"，不仅提供了信息服务，还扮演着政府角色，以超越时空限制的方式，代表政府发声、行事，时刻彰显着其对推动行政管理改革的价值。虚拟政府作为数字政府的重要内涵，说明数字政府的信息流动和传播越来越依靠政府组织间网络以及网络化的计算系统，而不是各自独立的官僚机构[1]。

随着大数据、物联网等新技术的快速发展，政府公共服务正在从数字化走向数智化。作为智慧城市的重要组成部分，智慧政府在跨领域和司法管辖区提供服务时，要实现以人民需求为中心的政府服务功能[2]。智慧政府由技术（系统和基础设施）、人（公民参与）和制度（政府和组织）三个核心部分组成[3]，通过"感知化""互联化"和"智能化"方式协调社会治理功能，提高政府效能[4]。在"互联网+"推动下，我国的数字政府发展经历了三个阶段（见图3-3）。

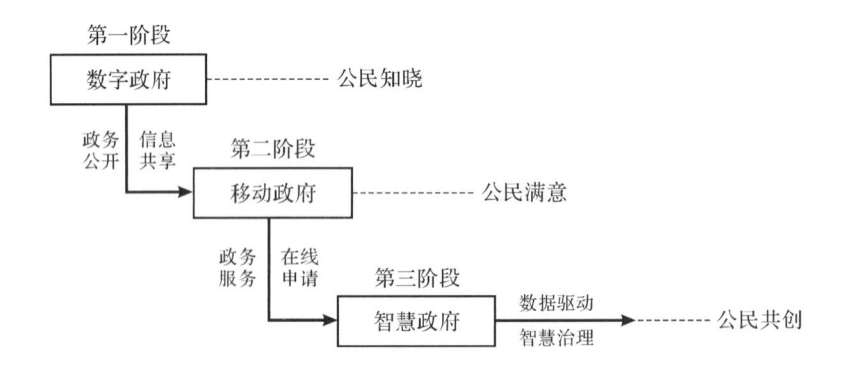

图3-3 智慧政府的发展阶段

---

[1] 于跃，王庆华. 从智能政府到智慧政府：价值与追求. 上海行政学院学报，2019（2）：14-21.
[2] 胡漠，马捷，张云开，等. 我国智慧政府信息协同网络结构识别与分析. 情报学报，2020（1）：47-56.
[3] 尚珊珊，杜娟. 大数据背景下智慧政府功能建设分析及路径设计. 情报理论与实践，2019（4）：45-51.
[4] 朱仁显，樊山峰. 智慧政府的认知迷思、内在意蕴与建设进路. 东南学术，2022（4）：97-105.

第一阶段是数字政府，实现了政府门户网站及政府信息公开等功能，正式将政府工作进展、通知通告、工作流程等信息通过网络向公众开放，增强了政府工作的公开透明度，提升了公民知晓度。

第二阶段是移动政府，实现了互联网背景下的"一站式"政务服务，突破了时间、空间和地域的限制，例如"最多跑一次"，为公众提供了便捷的政务服务，增强了政府工作的效能，提升了公民的满意度。

第三阶段是智慧政府，以物联网、大数据作为"智慧"基础建设体系的核心内容，以实现政府、企业、社会组织以及公民等利益相关主体共同参与的智慧治理。智慧政府深刻改变着政府治理模式，为群众参与国家发展、社会公共服务提供机会，提升了公民参与度，更好地推动社会监督，推动政府机构和利益相关者开展积极合作[①]。

综上所述，正确处理好政府、市场与社会之间的关系是实现市场监管数字化、数智化改革任务的关键。推动智慧的市场监管改革，既要求政府职能的适应性转变，例如从单纯的管理型、干预型向监督型、服务型、协作型转变，不断创新监管方式，提升监管效能；还要求保障知识经济下创新产业健康有序发展、规范与创新并行。

（二）我国智慧政府的发展现状

我国市场监管领域正全面推行新型监管模式，回应社会对公正监管和政务公开的现实需求，实现监管全面化、常态化、规范化、智能化、协同化，打造多主体共创共治的格局。政府职能部门应认识到虚拟平台经济是独立于实体市场经济的新型市场环境，参与到虚拟贸易市场交易的个体经营者

---

① 刘淑妍，李斯睿. 智慧城市治理：重塑政府公共服务供给模式. 社会科学，2019（1）：26-34.

和企业从事了与实体市场经济活动相同的生产制造、产业外包、消费品销售等多元市场经济活动。职能部门仅用传统实体市场的监管模式、监管机制、监管技术无法有效应对虚拟市场带来的监管问题。建立健全适用于虚拟贸易市场的法律法规、技术标准，促进多部门协同的适应性监管体系成为当下的改革重点。

2014年国家发展改革委明确提出中国"智慧城市"的发展目标是整合各类信息资源，提高城市管理和服务水平，促进产业转型升级。中国政府于2015年已经将"智慧城市"项目提升为重点发展战略[1]。进一步地，《国务院关于印发2015年推进简政放权放管结合转变政府职能工作方案的通知》就探索实行"互联网+监管"新模式，提出建立统一综合监管平台，加强社会信用体系建设，努力营造政府监管、企业自治、社会监督的新格局。

第二节　监管主体：政府事权的分工协同

监管主体指依法行使行政权力的行政机关或监管机构。根据《国家市场监督管理总局职能配置、内设机构和人员编制规定》，国家市场监督管理总局是国务院直属正部级机构，负责协调市场竞争、垄断、知识产权和药品安全等市场行为。国家市场监督管理总局是2018年中国政府改革合并了国家质量监督检验检疫总局、国家食品药品监督管理局和国家工商行政管理总局形成的新的行政主体。

市场监管事权本质上属于行政事权范围，指法律设定的、政府为履行

---

[1] 汤蕙溶，黄泽绵，孙妍，等. 智慧城市发展研究综述与国内建设实践探索. 智能建筑与智慧城市，2021（1）：41-43.

市场监管事务所享有的权力。市场监管事权分配指市场监管事权在不同层级政府以及政府不同监管部门之间的划分与配置,包括纵向事权和横向事权两个维度。纵向事权强调了市场监管事权在不同层级政府之间(如国家级、省级、市县级等)所进行的分配,横向事权指市场监管事权在同级政府监管部门(如市场监管部门、工信部、教育部、文旅部等)之间的分配。

一、纵向事权的分工与协同

王克稳[1]从两方面讨论了我国市场监管纵向事权配置的重点:一是中央政府与省级地方政府之间的事权分配;二是省级以下地方各级政府间的事权分配。合理划分中央与地方权限,需要一种科学的制度保障[2]。

(一)智慧政府下的组织结构变革

传统自上而下的层级组织结构(见图 3-4),强调了上级对下级机关的监督。听取、审查本级政府工作部门和下级政府的执法情况报告,是政府内部监督的重要方式。通过下级向上级报告自己的工作情况,上级实现对下级行使行政管理职权的监督。上级机构依法对行政执法人员的具体行政执法行为进行定期考核,如果发现行政执法人员的违纪违法行为,则视情节轻重作出相应的行政处分。其优势是高效、执行度高,但是劣势也很明显。例如,区域间(地方间)行政机构难以协调立法,容易出现地方保护问题。再如,地方承担了应由中央负责的行政事务,造成上下级政策目标内生冲突、监管资源与事权结构性错配,不利于激发地方构建监管能力

---

[1] 王克稳. 论市场监管事权的纵向分配. 苏州大学学报(社会科学版),2021(6):56-67.
[2] 任广浩. 国家权力纵向配置的法治化选择——以中央与地方政府间事权划分为视角的分析. 河北法学,2009(5):84-88.

的长效机制[①]。此外，自上而下的层级结构也不利于地方监管主体与地方其他行政机构，如省市场监管部门与文旅部门、住建部门、劳动部门等部门间的协同，从而加剧碎片化监管问题。

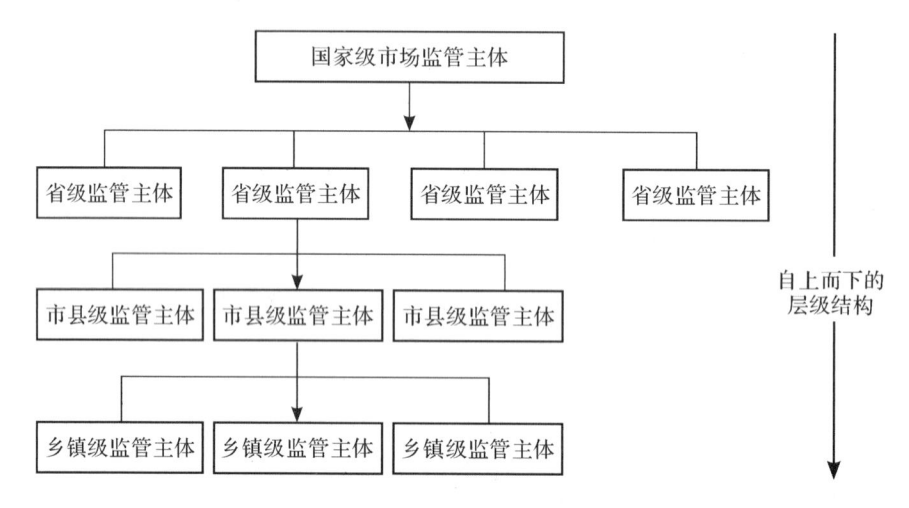

图3-4　传统自上而下的层级组织结构

政府治理的数字化转型，不仅提升了政府治理能力和公共服务水平，还推动了组织的数字化转型，使传统自上而下的层级结构，逐渐转向为互联互通的网络结构（见图3-5）。数字化政府依托大数据管理技术，可以有效调配公共数据资源，进一步保障了监管透明性。在电子政务业务流程中，在考虑数据安全的前提下，可实时进行数据共享、交换，每个环节的录入和审核过程都有迹可循，也极大减少了监管缝隙，增强了中央及地方级业务流程监督的透明性和可追溯性，有效提升了"中央—地方""地方—地方"之间的协同监管效能。

---

① 胡颖廉. 剩余监管权的逻辑和困境——基于食品安全监管体制的分析. 江海学刊, 2018（2）: 129-137, 239.

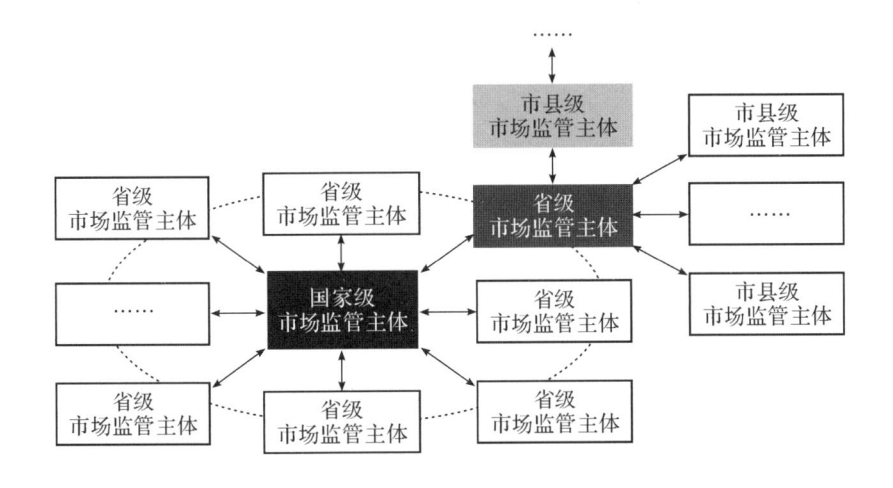

图3-5　互联互通的网络组织结构

（二）达成共识的统一市场监管规则

数字经济以其广域性、跨时空性、虚拟贸易平台等特点已经或正在改变着市场的交易行为。虚实结合的贸易行为更需要跨地域联合统一、达成共识的市场监管规则。《"十四五"市场监管现代化规划》指出，我国的市场监管应立足新发展阶段，坚持以人民为中心，围绕"大市场、大质量、大监管"一体推进市场监管体系完善和效能提升，推进市场监管现代化。

从经济学、政治学、法学等角度出发，不同学科有关行政权纵向分配的观点本质上是一致的。将公共事务的政治、经济、社会、自然和战略属性作为划分政府层级性事务的基本依据，全国性公共事务关系到国家整体利益，其管理权应为中央事权；地方性公共事务关系到地方局部利益和地方自主性事项，其管理权应为地方事权；混合性公共事务具有较大利益外溢性，需要协调区域间利益和分工合作，故而其管理权应为中央与地方共同事权。

归纳起来，属于中央政府监管的事务主要有：（1）国家市场监管体系的构建及战略目标制定；（2）全国统一市场监管规则和标准的制定；（3）对经营业务覆盖全国的垄断性产业的监管；（4）反垄断；（5）对全国范围内市场失灵的响应[1]。

属于央地共同监管的事务主要有：（1）制定或统一跨省、自治区、直辖市行政区域的市场监管规则与技术标准；（2）对跨越省、自治区、直辖市行政区域市场经营活动、不正当竞争行为及垄断性产业的监管；（3）对经济活动所产生的外部性（环境污染、公害）溢出省、自治区、直辖市行政区域的监管；（4）对食品、药品等涉及全体人民生命安全的产品和服务的监管；（5）对商业银行之外的其他地方金融机构的监管；（6）知识产权保护等。

属于地方监管的事务从特征上看具有典型地方性和区域性特征，主要包括：（1）地方性监管规则、标准指南、技术规范的制定与执行；（2）本行政区内不正当竞争行为、垄断性产业的市场经营活动及其他市场流通的产品和服务质量安全的监管。

案例分析

欧盟针对任何可产生爆炸性气体、粉尘的设备设施类产品，通过欧盟指令（directives，欧盟的一种国家间法规）强制性要求该类产品在进入市场前提供 ATEX 认证（爆炸性气体或粉尘的风险评估及认证），同时配套发布了欧盟标准，以指导产品风险的一致性评估工作。

---

[1] 王克稳. 论市场监管事权的纵向分配. 苏州大学学报（社会科学版），2021（6）：56-67.

欧盟各成员国结合欧盟指令制定国家政策、法规，根据具体国情，细化政策实施的流程、方法和效果评价内容。同时，国家市场监管部门结合欧盟标准研制开展一致性评估工作的技术指南及国家标准，细化具体指标的可接受范围、指标测量方法、风险评估方法、认证流程等实操性内容。

欧盟指令明确了欧盟顶层市场监管的战略目标、指明了顶层监管目标、监管范围、监管内容。欧盟标准指明了产品的市场准入要求及一致性评估（产品认证）的通用流程和方法。此外，欧盟指令和欧盟标准的通用性进一步保证了各成员国间（区域间）的协调立法。而欧盟各成员国的国家政策、法规及技术指南承上启下，一方面衔接了欧盟指令和欧盟标准，另一方面结合国情，使欧盟指令和标准以可操作的方式在国家内得以落实。

这种互补式的纵向事权分配，明确了不同层级行政机构的事权重点和范围，很好地避免了中央和地方的重复立法、执法事权，促使顶层监管设计得以在地方落实。

二、横向事权的分工与协同

政府碎片化指政府机构权力下放、部门分化和管理分工的过程。它描述了公共管理机构的分离（见图3-6），只专注于特定机构的效率提升。不同于公共融合，忽视了跨部门协同的挑战[①]。近几十年，政府碎片化越来

---

① Dunleavy P. New public management is dead-long live the digital era governance. Journal of Public Administration Research and Theory, 2006(3):467–494.

越引起全球学者的兴趣[①]，研究主题主要为政府碎片化与权力下放、政府创新，政府碎片化对公共支出、地区经济表现，以及公民满意度的影响[②]。

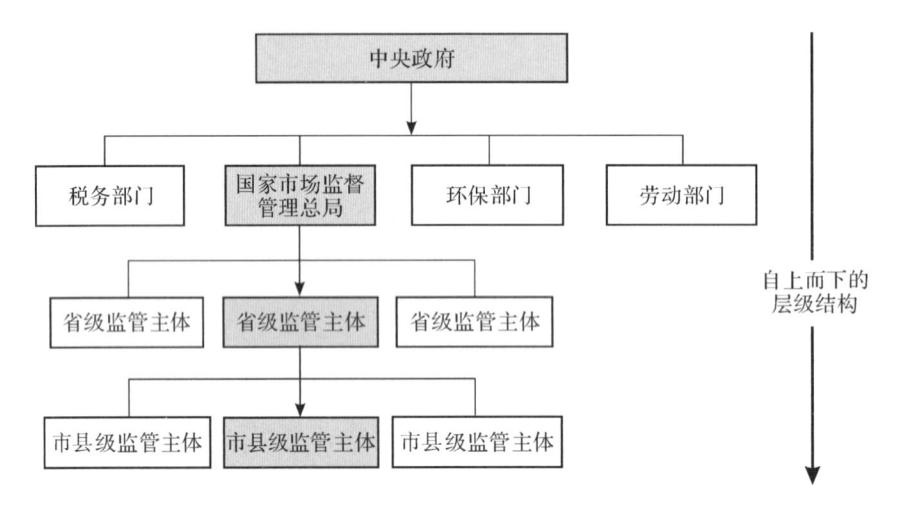

图3-6　传统自上而下的层级组织结构

应对碎片化监管，张立荣和曾维和提到，在构建全球化经济与和谐社会进程中，我国与西方国家具有相同时代背景和发展诉求[③]。系统分析西方"整体政府"公共服务模式的缘起与发展，对于我国服务型政府建设和公共服务体系改革具有重要启示[④]。这种"整体政府"公共服务模式的突出特点是公共服务供给方式的创新，即通过发展知识和信息公开共享策略，增

[①] Carruthers J, Ulfarsson G. Fragmentation and sprawl: evidence from interregional analysis. Growth and Change, 2002,32(3), 312–340.
[②] Byun P,Esparza A.A revisionist model of suburbanization and sprawl: the role of political fragmentation, growth control, and spillovers. Journal of Planning Education and Research, 2005(24):252–264.
[③] 张立荣，曾维和 . 当代西方"整体政府"公共服务模式及其借鉴 . 中国行政管理，2008（7）：108-111.
[④] 韩兆柱，翟文康 . 服务型政府、公共服务型政府、新公共服务的比较研究 . 天津行政学院学报，2016（6）：81-89.

进公共服务中各供给主体间持续地进行知识和信息交换与共享,形成科学的协同工作模式,以为公众提供整合型政府公共服务[1]。事实上,数字化政府能有效响应这一需求,实现"高效的办公,科学的决策,精准的管理"[2]。同时,智慧政府的各项决策也可以由政府其他部门进行辅助决策,这将间接地导致立法和司法部门的政策制定更加"智慧"[3]。智慧政府提供了一个能够相互关联地方所有职能的复杂的治理方法[4],促使传统自上而下的层级组织结构转变为以政府为中心,各行政部门互联互通的网络组织结构(见图3-7)。

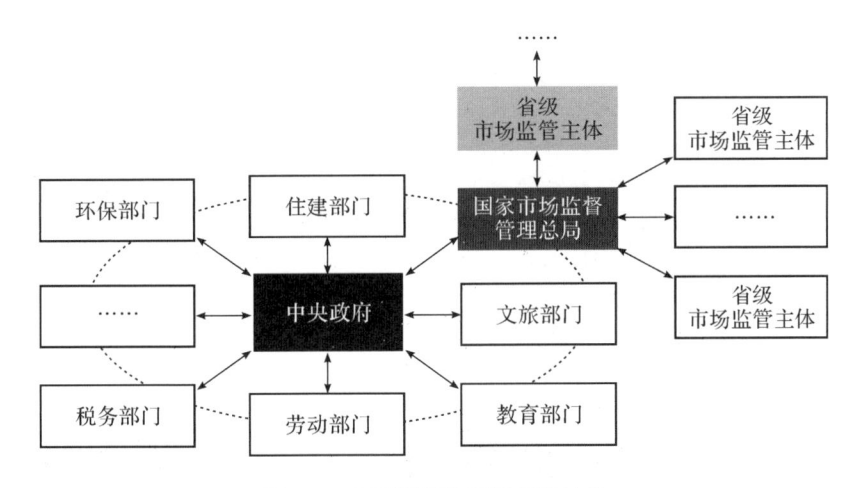

图3-7 互联互通的网络组织结构

---

[1] 谢新水.从服务型政府到人民满意的服务型政府——一个话语路径的分析.探索,2018(2):144-151.
[2] 吴金群,刘花花.超越抑或共进:服务型政府与发展型政府的关系反思.浙江大学学报(人文社会科学版),2021(5):170-182.
[3] 徐振强,刘禹圻.基于"城市大脑"思维的智慧城市发展研究.区域经济评论,2017(1):102-106.
[4] 朱仁显,樊山峰.智慧政府的认知迷思、内在意蕴与建设进路.东南学术,2022(4):97-105.

第三节 监管内容：市场失灵与市场竞争

市场监管事务由其监管范围决定。市场经济环境下，政府监管是对市场失灵（包括微观经济无效率——自然垄断、外部性、公共品、信息不对称等社会不公平）的回应，以及以评估产品安全性、有效性、潜在质量为核心的行政科学监管工作，广泛应用于产品质量安全监管、食品药品安全监管、职业安全与健康监管、生态环境保护监管等社会监督管理领域，以实现社会福利的最大化[①]。

国家市场监督管理总局的主要职责：负责市场综合监督管理与执法、监督管理市场秩序、市场主体统一登记注册、反垄断统一执法、产品质量安全监督管理、特种设备安全监督管理、食品安全监督管理、统一管理计量工作、统一管理标准化工作、统一管理检验检测工作、统一管理和综合协调全国认证认可工作、管理国家药品监督管理局、管理国家知识产权局。

一、针对市场失灵的政府介入

（一）市场失灵

管制经济学定义市场失灵为"商品和服务的市场均衡配置对帕累托最优配置的偏离"[②]。帕累托最优配置是不因任意消费者获益而伤害其他消费者利益的一种配置。进入壁垒失灵（如自然垄断和串谋）、外部性失灵（如

---

① 张红凤，杨慧，等.西方国家政府规制变迁与中国政府规制改革.北京：经济科学出版社，2007.
② 王克稳.论市场监管事权的纵向分配.苏州大学学报（哲学社会科学版），2021（6）：56-67.

环境污染）和内部性失灵（如合约欺骗）[1]这三大市场失灵为政府管制介入提供了必要条件。归其原因，社会的持续演化造成了社会不断提升的复杂性，而复杂性则使得政府凭借有限理性难以构建出完美的市场秩序。朱富强[2]对市场失灵的表现加以分析：一是源于市场机制不完善的配置效率不足；二是人性缺陷的非配置低效率；三是源于社会不平等的分配不公；四是源于市场堕落效应的社会价值腐化。

（二）不正当交易与违禁品管制

市场监管主体通过法律、法规、政策、标准等监管措施为制造商、服务商和消费者营造合规、公平竞争的市场生态系统。通过依法监督管理市场交易及有关贸易服务行为，监督管理价格收费违法违规、不正当竞争、违法直销、传销、虚假广告宣传、侵犯商标专利知识产权、制售假冒伪劣行为、无照生产经营行为，以及指导中国消费者协会开展消费维权工作，维护市场秩序。针对不正当交易与违禁品的市场进入，政府通过法律、法规、政策、标准，拟订并组织实施有关规范、维护市场秩序，营造诚实守信、公平竞争的市场环境。

二、针对市场竞争的政府服务

（一）合规企业准入的政府服务

任何有意愿提供市场贸易服务的个体经营者或企业，必须依法向作为市场监管主体的工商管理部门申请企业的登记注册。公司凭营业执照刻制印章，开立银行账户，申请纳税登记，成为受市场监管主体监管的合规经

---

[1] 王俊豪，等.中国垄断性产业结构重组、分类管制与协调政策.北京：商务印书馆，2006.
[2] 朱富强.市场失灵视域下的政府功能.人文杂志，2021（5）：50-60.

营者。为企业提供市场准入服务不仅体现了市场监管主体的政府服务职能，也体现了其对市场的保护性职能。市场监管主体通过商事登记对经营者的市场行为监管，一方面保护了消费者权益，另一方面通过限制不良商人的市场活动，保障合规经营者的市场公平竞争权益。

为了更好地给合规企业提供市场准入服务，市场监管主体负责指导各类企业、农民专业合作社和从事经营活动的单位、个体工商户以及外国（地区）企业常驻代表机构等市场主体的登记注册工作。建立市场主体信息公示和共享机制，依法公示和共享有关信息，加强信用监管，推动市场主体信用体系建设。

（二）产品质量安全的政府监管

市场作为贸易的平台，产品是市场流通的核心内容。针对不同产品的专业性质量安全监督管理，市场监管的产品类型大体可分为工业产品（包括服务）的质量安全监管、特种设备安全监管、食品安全监管几个方面。针对工业产品质量安全监督管理，市场监管主体通过建立并组织实施质量分级制度、质量安全追溯制度、产品质量安全风险监控、国家监督抽查工作等监管措施开展质量管控工作。针对特种设备安全监督管理，市场监管主体通过开展特种设备安全监察、监督工作，监督检查高耗能特种设备节能和锅炉环境保护标准的执行。针对食品安全监督管理，市场监管主体通过建立覆盖食品生产、流通、消费全过程的监督检查制度和隐患排查治理机制，组织构建食品安全应急体系，组织开展食品安全监督抽检、风险监测、核查处置和风险预警、风险交流工作，防范区域性、系统性食品安全风险。

三、智慧政府的重点监管内容

传统市场经济，"大批量生产"的产品和"可复制"的服务广泛流通于市场中，关于产品和服务质量安全的监管能够落实为抽检制度等传统市场监管机制。例如，事前监管阶段有认证认可制度，确保科学的市场准入；事中监管阶段有"双随机、一公开"的抽检制度，确保产品以标准进行质量安全监督；事后监管阶段有12315等质量投诉与召回机制，保障产品质量安全事故的可追溯性。

然而，知识经济下的产品和服务均呈现出创新性、定制性、个性化、高技术、低资源消耗、高附加值等特征，难以用传统"大批量生产"的产品标准去对标。这种情况下，传统的市场抽检等制度将不再适用。针对创新产品与定制服务的质量安全监管将成为智慧政府的重点监管内容（见图3-8）。

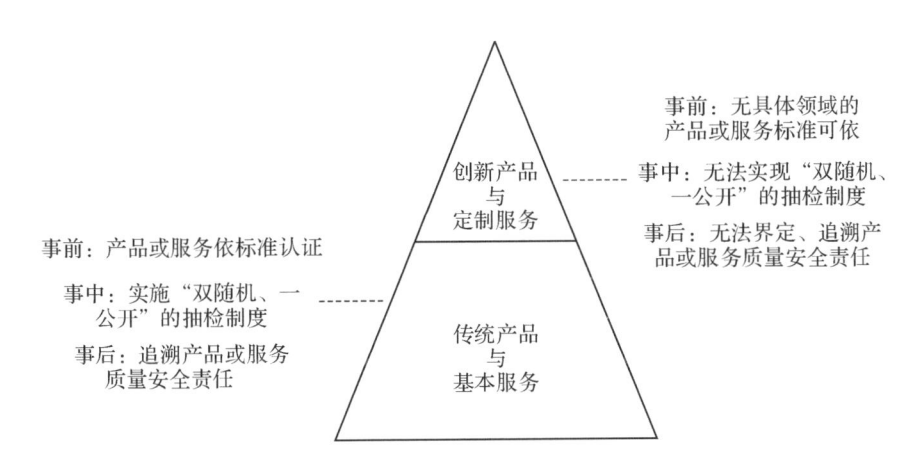

图3-8　知识经济下市场监管的重点内容

例如，在事前监管阶段，创新产品缺少快速响应的产品和服务标准可依，数智化质量基础设施应能结合标准的数智化分析，动态研判创新产品市场准入的风险，为创新产品的市场准入保驾护航。在事中监管阶段，考虑到"双随机、一公开"抽检制度无法针对个性化定制的服务或产品，数智化质量基础设施应能实时动态监测、预警创新产品和服务在市场流通环节的质量安全风险。在事后监管阶段，数智化质量基础设施应能促使公众参与到市场监管行为的共创中，充分发挥社会监督作用，促进公民意识与社会层面的市场风险交流。

第四节 监管机制：刚柔并济的过程监管

党的十八届三中全会通过的《中共中央关于全面深化改革若干重大问题的决定》明确我国坚定发展社会主义市场经济，让市场在资源配置中起决定性作用，释放市场活力的路线方针。由此，体现公正自由、公平有序、平等法治、民主自治的市场经营主体制度，以及简政放权、宽进严管成为我国打造宽松市场经济的主要抓手[1]。为实现我国社会主义经济市场化、市场法治化、法治秩序化、秩序民主化，我国市场监管机制体现在事前、事中和事后三个方面。

---

[1] 卢代富，刘云亮. "宽进严管"下市场主体监管新挑战和新对策. 商业经济与管理，2018（3）：58-65.

一、事前监管机制

事前监管主要指市场准入阶段行政主管部门对市场主体的准入限制。在市场经济条件下，市场准入直接决定着市场的开放程度，而市场的开放程度直接决定着市场竞争是否充分、有效。所谓竞争，并不是说一个行业有很多经营者，而是政府允许自由进入。新事物的出现，如果缺乏科学的市场准入监管，势必为事中事后的不正当竞争带来隐患。新兴产业虽然会打破传统垄断，但会形成新的垄断[1]，消费者权益也无法受到保护。如果采取保守的事前监管机制，又不利于创新产业的孵化和培育。是否采取谦抑、包容审慎、促进社会可持续发展的市场监管，也是创新产业能否在市场竞争中成功生存下来的关键。

针对市场上流通的创新产品和定制服务，在事前监管阶段可通过基于信息公开的多监管主体协同制度，以及面向创新产品市场准入的风险预评估机制，以适应知识经济下的市场监管挑战。

（一）柔性监管：基于信息公开的多监管主体协同制度

国家对政府与市场的定位，决定了市场监管主体对市场主体准入的态度。我国采取宽进的市场准入政策导向，减少政府过多干预和管制，提高市场准入自由度[2]。数智化的质量基础设施（见图3-9），旨在以政府服务代替政府管制，将创新产品的质量安全问题控制在可接受范围内，以增强监管柔性，进一步推动市场的可持续发展。

---

[1] 曲崇明."四新经济"的监管：新理念与新模式.中共青岛市委党校　青岛行政学院学报，2019（5）：71-76.

[2] 王淑梅，侯伟.关于《海商法》修改的几点意见.中国海商法研究，2017（3）：3-10.

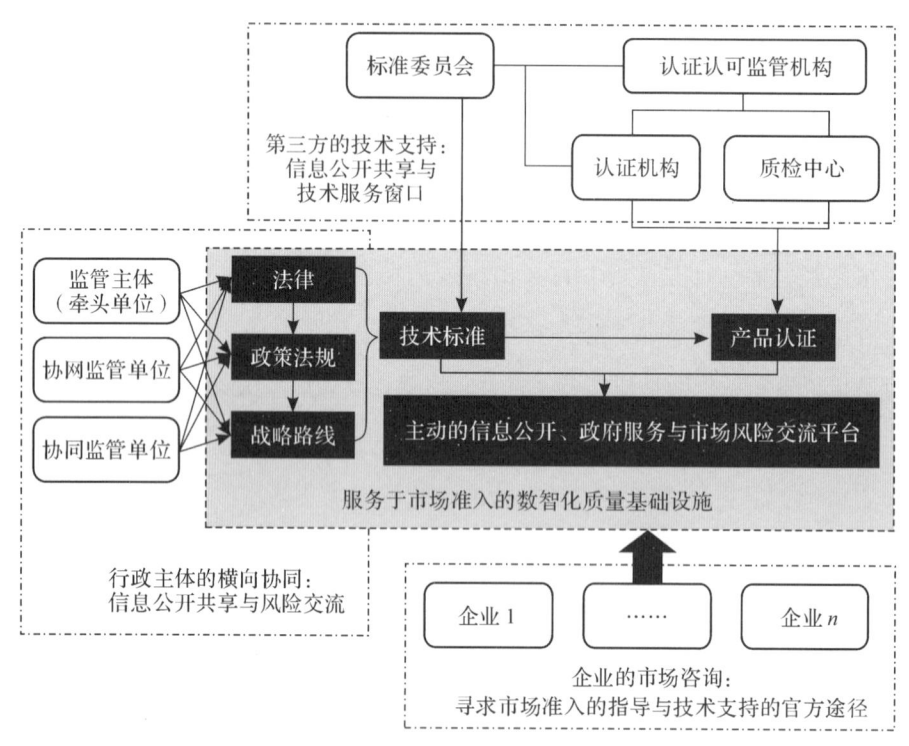

图3-9 服务于市场准入的数智化质量基础设施

具体地，事前监管阶段，数智化的质量基础设施平台可强化信息公开机制，增加市场准入的透明度。首先，通过多渠道宣贯，引导经营者了解社会经济的发展动态，正确把握市场发展的趋势和需求，使经营者在开展创新时减少方向性错误的风险。其次，监管主体应主动为经营者（尤其是中小企业）提供有利于市场准入的政府服务，为企业与第三方生产性服务业之间搭建政府服务平台，降低企业在政策法律咨询、产业升级等专业技术寻求、专家团队指导、专业人员招募等方面的风险和成本，同时促进生产性服务业（如研发服务、管理咨询服务、标准服务、法律服务、市场营销服务、质量鉴定服务等）在应对制造业需求时无缝衔接，为生产性服务业也提供潜在市场。再次，政府服务平台应支持企业开展创新产品的风险识别、风险分析、风险预评估，方便企业在市场准入前开展创新产品质量提升工作。最后，数智化的质量基础设施平台还有利于多部门间的信息公开共享，规避政策法规的冲突或重复制定，实现横向协同。

（二）韧性监管：面向创新产品市场准入的风险预评估机制

刚性的事前监管措施包括依反垄断法对不正当交易等的法律限制，以及企业市场准入环节的严格商事登记、强制性许可、认可、执照、申报等制度。一般地，对于引发重大、特大社会安全与公共健康的高风险行业，实行有限或严格的市场准入管制，以风险预防为核心，采用行政许可、审批或严格商事登记等监管措施，起到了"市场守门员"的作用。对于只产生小范围影响，并能通过风险管控得以健康开展市场活动的行业，政府监管更偏向于自由准入主义，例如采用动态风险监测为主的监管机制，通过备案制、一般商事注册制等制度，提供更促进竞争力的监管手段。

针对创新产品和定制服务的质量安全监管，应结合联合国关于市场监管的发展战略，通过建立健全面向创新产品的政府服务规范和要求，以及有效的第三方风险评估机制，规范创新产品或服务市场准入的风险预评估要求。研制通用产品质量和安全风险的标准体系，明确通用产品质量和安全风险的指标体系，从产品标准转向为注重产品通用基础材料、复合加工、使用流程方面的质量和安全风险标准的研制，以形成数据库。研制质量与安全风险事件的有效性判定标准、风险事件的出现频率与概率计算方法，以及事故发生后果的严重性等级研判等标准，结合大数据、云计算等技术，形成动态分析与决策的市场准入风险预评估平台（见图3-10）。建立健全公众风险预警、风险交流的社会监督机制，广而告之创新产品或定制服务的潜在质量和安全风险，并将风险控制在满足市场准入规则下的"可接受"范围内。

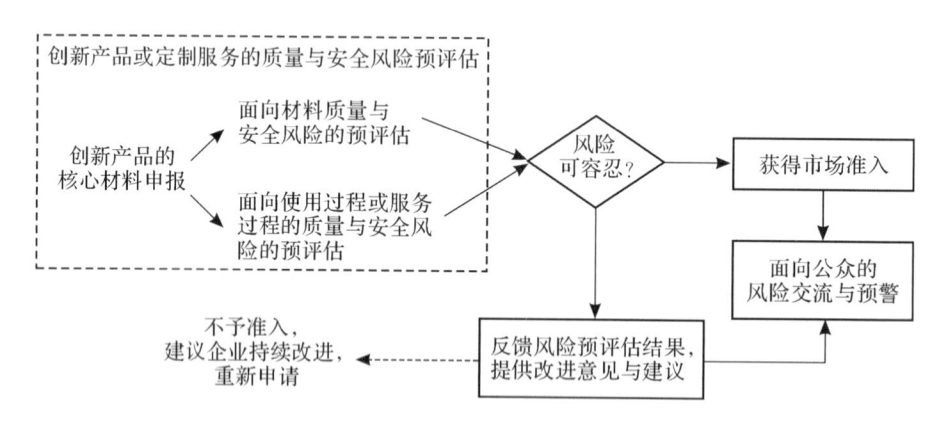

图3-10　支持市场准入风险预评估的数智化质量基础设施

二、事中事后监管机制

事中监管指市场准入以后，行政主管部门对市场主体及其市场运行过程的监管。常见的监管方法包括对产品、服务质量安全的标准、认证、审查、检验制度。随着"放管服"改革的深入和监管重心的后移，"双随机、一公开"监管模式成为事中监管阶段的重要组成部分，在加强抽查随机性、促进过程公正性、保证结果公开性方面发挥了重要作用，实现了政府和被监管者之间公平互动[1]。

事后监管是指市场准入后，行政主管部门对市场主体、对市场运行过程的监管。针对行动结果的政府次级监管对象，行政处罚制度、评估制度更适用于事后监管阶段。在我国，主要的事后监管措施是消费者投诉和企

---

[1] 刘耀东，杜雅君．"双随机、一公开"监管模式的治理逻辑与优化路径．学术研究，2022（5）：69-72．

业缺陷产品召回制度。主管部门对此类投诉与召回信息,可借助数智化与信息可视化技术,开展面向公众的风险信息交流[①],实现面向创新产品和定制服务的动态监管。

2015年10月,《国务院关于第一批清理规范89项国务院部门行政审批中介服务事项的决定》明确推广随机抽查监管和完善配套制度。2016年,《国务院关于印发2016年推进简政放权放管结合优化服务改革工作要点的通知》提出全面推广"双随机、一公开"监管模式,明确要求县级以上政府部门拿出"一单、两库、一细则",促进各类市场主体公平竞争。2019年,《国务院关于在市场监管领域全面推行部门联合"双随机、一公开"监管的意见》提出推行市场监管领域全覆盖、部门联合监管的"双随机、一公开"模式,并明确7项重点任务。"双随机、一公开"监管模式被定义为"以检查对象随机选取、执法检查人员随机选派,并公开随机抽取细则、公布查处结果的一种新型监管模式"。

然而,知识经济下的创新产品和定制服务与传统产业最大的区别在于"不再是大批量生产"的模式。用随机抽查代替全部监管的错误做法,抛离专项监管、重点监管、常规监管,造成监管漏洞[②]。例如,3D打印提供的产品均是个性化的、定制化的,每个产品都不同。再如,新时代的养老服务,根据不同老人的需求,服务内容也是定制的。基于"大批量生产模式"的"双随机、一公开"事中监管机制,并不能满足知识经济下产品和服务的质量抽检要求。

---

① 赵丙奇,章合杰.数字农产品追溯体系的运行机理和实施模式研究.农业经济问题,2021(8):52-62.
② 宋林霖,陈志超.深化地方市场监管机构改革的目标与路径.行政管理改革,2019(9),65-71.

针对市场上流通的创新产品和定制服务，在事中事后监管阶段可采取体现柔性监管的第三方动态信用评价机制，以及体现韧性监管的动态风险监测与预警机制，以适应知识经济下的市场监管挑战。

（一）柔性监管：第三方动态信用评价机制

2018年，《国务院关于在全国推开"证照分离"改革的通知》（国发〔2018〕35号）正式推行"证照分离"改革，遵循"谁审批、谁监管，谁主管、谁监管"原则，加强事中事后监管，健全跨区域、跨层级、跨部门协同监管机制，逐步构建多元共治格局。然而，市场监管部门、行业许可部门，以及其他协同主管部门之间仍存在市场主体名录的数据库不能及时共享问题，无法满足"双随机、一公开"监管模式的监管信息公开透明的要求，政府"碎片化"监管不能有效理顺随机监管与"证照分离"改革的关系。此外，完善的社会信用体系尚未完全建立，跨部门联合监管也存在诸多阻碍，随机抽查结果也难以与失信惩戒机制实现真正对接，使得随机监管与信用监管、联合监管的对接不畅。

向知识社会的转型，快速淘汰着缺乏技术含量的体力劳动工作者。个人要转型，企业要转型，如果政府不能适应知识社会的变革及时转型，也会难以匹配知识社会的发展要求。彼得·德鲁克指出："光有爱国主义精神是不够的，我们还需要有公民意识。公民意识是什么？公民意识就是愿意为国家作出贡献。"政府的柔性监管应能充分发挥公民意识在市场监管中的作用，通过加强公民的社会责任感，推动全民共创的社会监督机制。

例如，考虑到声誉对商家销量存在非线性的积极影响[1]，市场监管主体

---

[1] 李维安，吴德胜，徐皓. 网上交易中的声誉机制——来自淘宝网的证据. 南开管理评论，2007(5): 36-46.

应推动基于第三方动态信用评价机制的柔性监管，从一定程度上降低信息不对称和消费者的感知不确定性[①]，从而降低交易风险。数智化的质量基础设施应支持：（1）企业对其质量安全自主承诺的信息公开，（2）第三方质量安全评价的信息公开，以及（3）政府官方的企业信用公开。针对合规企业，如果正常履行承诺、获得第三方优质评价，以及政府公开的良好信用，这种动态评价将产生免费的广告推广效应，进一步提升企业公信力、竞争力、知名度。针对消费者，一方面，可以借鉴参考企业承诺、第三方评价和政府公开的信用情况，理性选择商家的商品或服务；另一方面，主动参与社会监督，分享其消费经验、体验，也是一种公民意识的体现。针对政府，动态信用评价机制与数智化平台，不仅通过主动获取信息体现了市场的柔性监管，还为促进公民参与提供了良好的机制和平台（见图3-11）。

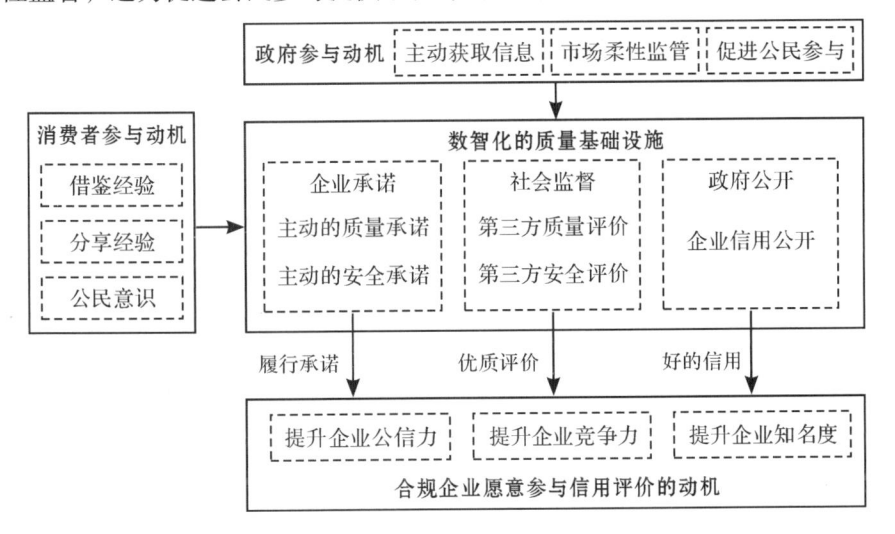

图3-11 支持第三方动态信用评价机制的数智化质量基础设施

[①] 潘勇. 网络"柠檬"环境下消费者行为与抵消机制——基于信息经济学的视角. 管理评论，2009（10）：41-51.

（二）韧性监管：动态风险监测与预警机制

随着新时代我国社会主要矛盾变化，过程性风险逐步被放大，尤其涉及安全、环境、健康的公共事件与人民对美好生活的需求不匹配，严重影响人民的获得感和安全感。传统的"双随机、一公开"的抽检机制，一方面不能满足个性化定制产品的质量安全检验检疫需求，另一方面，在实操阶段，企业由于担心被惩罚，往往不愿主动配合。企业由于畏惧抽检后的惩罚，面对市场监管主体，尽量掩饰问题，抗拒把真正问题暴露出来，致使创新产品带来的消费者安全风险骤升。经常有创新产品在市场流通一段时间后由于消费者投诉而被企业召回，或在"双随机、一公开"的抽检时发生问题。因此，创新产品非常依赖事中事后的监管制度，一旦发生质量和安全事故，往往只能采取事后补救措施。虽然事后监管机制能够通过召回制度开展产品召回工作，但是给消费者带来的健康安全伤害和社会环境影响是难以弥补的。

动态的产品质量和安全风险评估与预警机制（见图3-12）将有别于传统监管方法和技术，强调市场创新活动的过程性动态风险监测制度，应用数智化技术实现动态的全过程监管，成为支撑韧性监管的新方法。动态的产品质量和安全风险评估与预警机制包括了风险识别、风险分析、风险评价、风险预警与风险交流五个内容。实现动态质量安全监测的质量基础设施可支持多部门协同监管，通过开展虚实结合的经济活动动态质量监测、质量鉴定、周期性认证审查、质量投诉与责任追溯、信用监管、交易风险监测、基于风险预警的信息公开，重构适应新经济发展的虚实结合的市场监管机制。

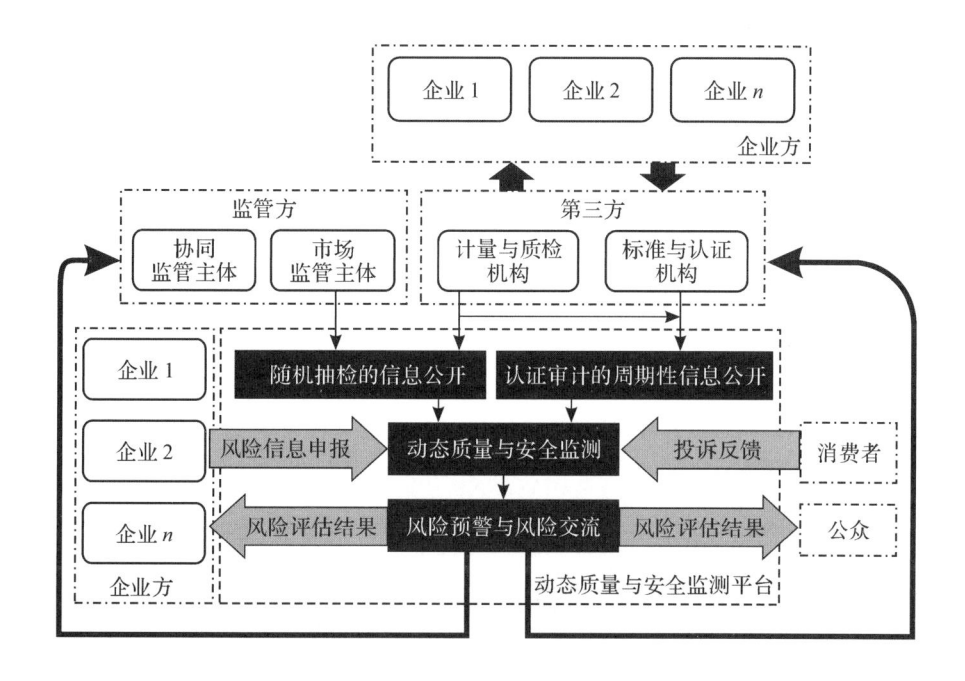

图3-12　支持动态质量与安全监测的数智化质量基础设施

第五节　监管技术：数字赋能与智慧决策

日本学者植草益将政府实施规制的手段归纳为监管措施与监管技术[①]。针对市场失灵，政府通常用法律限制手段对市场进行管制，常见措施有限价行为（如限定最高价和最低价）、费率制定、市场准入限制、企业投入或技术管制、产品质量（如产品数量、耐久性、安全等）规制、职业健康和安全规制、环境规制和合同条款规制等。常见监管方法包括依据反垄断法对不正当交易、持有或买卖毒品等行为的法律限制，企业市场准入环节

---

① 植草益.微观规制经济学.朱绍文，胡欣欣，等，译校.北京：中国发展出版社，1992.

的商事登记、许可、认可、执照、承认、申报等的许可认可制度；对产品、服务质量安全的标准、认证、审查、检验制度。对于侧重行动结果的政府监管对象，行政处罚与评估制度更适合事后监管。

一、常见的市场监管技术

图 3-13 试着关联了常见的市场监管技术，在国家市场监督管理机构的法律法规及政策引导下，结合国际贸易条例、国际标准的具体要求，国家的计量研究机构通过研究、建立、保存、维护国家计量基准和国家计量标准，复现国际单位制，负责保持量值国际等效。在国家标准委员会协调下，负责标准化的量值传递和溯源、国际与国家相适配的统一技术标准的研制。通过国家认可和认可机构及第三方质量检测检验机构，将国际和国家层面用于市场贸易的法律法规、技术标准通过第三方认证的方式在企业具体落实。

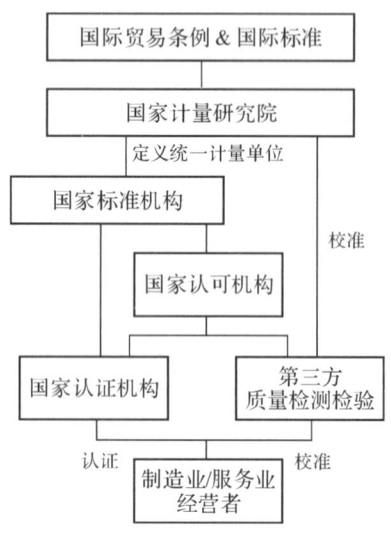

图3-13 国家层面的质量基础设施

（一）法律限制

法律限制主要针对自由市场的不正当交易、违禁品，以及导致市场失灵的经济活动采取强制性的政府管制措施，常见的市场监管相关的法律有《产品质量法》《计量法》《标准化法》和《消费者权益保护法》等。市场监管主体通过组织、指导市场监管综合执法队伍，推动市场监管的综合执法工作，依法对经营者集中行为进行反垄断审查，负责垄断协议、滥用市场支配地位和滥用行政权力排除、限制竞争等反垄断执法工作，指导企业在国外的反垄断应诉工作，组织查处导致市场失灵的其他重大违法案件，规范市场监管行政执法行为。

应对知识经济的市场监管变革，更应重视虚拟平台、数据、算法三元融合的规制原理，以鼓励创新，保护隐私，重构立法目的和价值体系，构建价格和质量并重、法律和技术共治的法律体系，助力增强我国数字经济的国际竞争力[①]。

（二）行政审批

行政审批或行政许可本质上是对市场主体资质的一次性认可，旨在经过行政机关审批、获得许可后，赋予行政相对人（如公民、法人和其他组织）以某项权利或某种资格，即成为具备法律所规定资格的主体。行政审批对特殊企业及其商品的市场准入起到了"守门员"的作用，也是国家和政府公信力的体现。

《国务院办公厅关于全面实行行政许可事项清单管理的通知》提出，要依法依规重点监管"直接涉及公共安全、公众健康，以及潜在风险大、

---

① 杨东. 论反垄断法的重构：应对数字经济的挑战. 中国法学，2020（3）：206-222.

社会风险高的重点领域"。例如，关系到公民、社会、国家利益的特殊行业、经营活动，如矿产资源的开采许可，特殊商品的贸易许可。再如，关系到公民生命、自由、财产利益的特殊职业，如律师职业、会计师职业的许可。

依据《行政许可法》，行政许可的正式设定主要依据法律、行政法规、地方性法规。当尚未有法律可参考时，行政法规可以作为参考依据以设定行政许可。具体包括①依据行政规范性文件确立行政许可事项清单和行政程序规定等制度措施，例如2022年1月30日公布《法律、行政法规、国务院决定设定的行政许可事项清单》及996行政许可事项。②在行政程序法或者行政法典尚未制定的情况下，行政许可权力行使的程序依据各部委、各地方行政性规范文件中的行政审批程序规定。

（三）商事登记

商事登记，即市场主体在市场监管机构主导下的统一登记注册工作。为改革工商登记制度，推进工商注册制度便利化，2014年国务院出台《注册资本登记制度改革方案》，启动《公司法》和《公司登记管理条例》修改，为我国工商部门推进注册资本登记制度改革提供了法制基础和保障。新的改革方案明确了"宽进严管"是我国实行注册资本登记制度改革的一项基本原则和核心内容，也是我国改革企业登记制度最根本指导思想。

新的工商登记制度，其指导思想是"按照加快政府职能转变、建设服务型政府的要求，推进公司注册资本及其他登记事项改革，推进配套监管制度改革，健全完善现代企业制度，服务经济社会持续健康发展"。主要体现在"先照后证"、注册资本认缴登记制、企业年检制度改革，实行公司资本认缴制、放宽登记注册条件、简化注册登记事项，进一步放宽公司准入条件，减轻投资者负担。在此基础上推动我国信用体系建设，加强对市场主体、市场活动商务诚信建设，同时，推出更加宽泛、更加严格、更加细化的监管措施手段，打造社会信用信息体系，强化信用监管作为严管的重要举措，强化社会化监管机制。

（四）计量科学

计量科学是关于测量的科学，它构建了关于"单位"的统一认知科学。中国传统的计量科学是关于"度量衡"的科学。"度量衡"是传统上对计量长度、容量、重量的统称。现代"度量衡"的广义定义为任何物理量（如温度、时间）的度量（又称"计量"）。现代计量始于法国大革命期间。随着1795—1875年越来越多国家认可基于十进制的度量系统，通过米制公约，国际计量局成立了。同时，确定了SI国际单位制，即时间（秒）、长度（米）、质量（千克）、电流（安培）、温度（开尔文）、物质的量（摩尔）、发光强度（坎德拉）七个基本物理量。自1991年1月1日起，法定单位成为中国唯一合法的计量单位。

应用于市场监管中，计量工作通过统一计量器具及量值传递，规范、监督商品量和市场计量行为。计量质量基础设施建设的本质在于提升计量监管与服务质效，核心在于可持续地满足政府、市场、社会的计量需求。中国计量科学研究院成立于1955年，隶属国家市场监督管理总局，是国家最高的计量科学研究中心和国家级法定计量技术机构。主要开展的工作有：（1）计量科学基础研究，（2）计量管理体系和相关法规研究，（3）研究、建立、保存、维护国家计量基准和国家计量标准，复现国际单位制，（4）开展相关计量基准、标准和标准物质的国际量值比对和区域比对，负责保持量值国际等效，（5）量值传递和溯源，（6）承担计量器具型式评价试验和产品质量监督抽查技术支撑等相关工作，以及（7）开展对法定计量技术机构的技术指导，等等。

（五）标准规范

标准是由一个公认的机构制定和批准的文件，是经济社会活动的技术依据，是针对重复性事物和概念的统一规定，"通过标准化活动，按照规定的程序经协商一致制定，为各种活动或其结果提供规则、指南或特性，供共同使用和重复使用的文件"[①]，作为共同遵守的准则和依据。

标准化包括制定、发布及实施标准的过程。标准化是为在一定范围内获得最佳秩序和效益，制定共同和重复使用技术规则的活动，它在治理体系和治理能力现代化建设中，有着基础性、战略性、引领性的作用。

国家市场监督管理总局对外保留国家标准化管理委员会牌子。以国家标准化管理委员会名义，下达国家标准计划，批准发布国家标准，审议并发布标准化政策、管理制度、规划、公告等重要文件；开展强制性国家标准对外通报；协调、指导和监督行业、地方、团体、企业标准工作；代表国家参加国际标准化组织、国际电工委员会和其他国际或区域性标准化组织；承担有关国际合作协议签署工作；承担国务院标准化协调机制日常工作。其中，中国标准化研究院作为研究型机构，承担着标准化科学实验研究、全国专业标准化技术委员会秘书处工作，还支撑着国家市场监督管理总局以及国家标准化管理委员会的相关管理职能，包括我国缺陷产品召回管理、国家标准评估、工业品质量安全监管、产品质量国家监督抽查等工作。

（六）认证认可

认证认可工作制度是一种国内外通行的第三方评价制度，由具备专业

---

① 国家质量监督检验检疫总局. 标准化工作指南 第1部分：标准化和相关活动的通用术语：GB/T 20000.1—2014. 北京：国家质量监督检验检疫总局，2014-12-31：3.

能力的第三方机构依据标准和技术规范,对产品、服务或企业的管理体系、人员能力等做出评价,是国家质量基础设施中的一部分,在质量提升工作中发挥着重要作用。

认可,指由认可机构对认证机构、检查机构、实验室以及从事评审、审核等认证活动人员的能力和执业资格,予以承认的合格评定活动。中国合格评定国家认可委员会是我国依法设立的唯一合格评定国家认可机构,是根据《认证认可条例》《认可机构监督管理办法》的规定,依法经国家市场监督管理总局确定,从事认证机构、实验室、检验机构、审定与核查机构等合格评定机构认可评价活动的权威机构,负责合格评定机构国家认可体系运行,负责产品认证、服务认证、审定核查等认可制度及相关领域工作组的牵头管理。

认证,指由认证机构证明产品、服务、管理体系符合相关技术规范、相关技术规范的强制性要求或者标准的合格评定活动。针对产品的一致性评估,依据《产品质量法》和国际通用的质量管理标准,我国推行企业质量体系认证制度。企业根据自愿原则可以向合规的认证机构申请企业质量体系认证。经认证合格的,由认证机构颁发企业质量体系认证证书。

截至2023年6月我国的合格评定国家认可制度已经融入国际认可互认体系,是国际认可论坛(IAF)、国际实验室认可合作组织(ILAC)、亚太认可合作组织(APAC)的正式成员,在国际认可互认体系中发挥着重要作用。

(七)检验检疫

检验检疫工作指列入《商检机构实施检验的进出口商品种类表》和其他法律、法规规定须经检验的进出口商品,必须经出入境检验检疫部门或其指定的检验机构检验。除进出口商品,市场准入和市场流通阶段的各类商品的质量安全关乎人民的日常生活，检验检疫是市场监管保障质量安全的重要工作之一。

中国食品药品检定研究院是国家检验药品和生物制品质量的法定机构，主要承担食品、药品、医疗器械、化妆品及有关药用辅料、包装材料与容器的检验检测、抽验和质量分析工作，负责质量标准、技术规范、检验检测方法的制修订。其中，食品检验旨在按照国际、国家食品卫生/安全标准，对食品原料、辅助材料、半成品、成品及副产品的质量进行检验，以确保产品质量合格。药品检测旨在保证药品安全性，防止不合格药品流入市场，涉及药品质量、成分、重金属、不良反应、密封性、生物药品、药品外观、药品常规、药品理化、药品安全和药品缺陷等方面的检测。

关于消费品质量检测，中国检验检疫科学研究院是国家设立的公益性检验检测检疫中央研究机构，负责开展检验检疫应用研究，为国家检验检测检疫决策、市场综合监管和经济高质量发展提供技术支持，为检验检测检疫科普教育及社会实践培训提供科技服务。各地的质量检测科学研究院，作为政府实验室，承担着产品的质量安全监测（如化学检测、物理检测、环境及材料试验检测），承担缺陷产品召回的技术评价和调查，承担重大产品质量安全事故及突发公共质量安全事件风险评估和风险管控。除此以外，为了确保认证服务的科学可靠性，全球领先的检验、鉴定、测试和认证机构，例如瑞士通标标准技术服务有限公司（SGS）、挪威船级社（DNV）等，均为国际认证提供了实验室支持。

特种设备的质检主要对象是涉及生命安全、危险性较大的锅炉、压力容器、压力管道、电梯、起重机械、客运索道、大型游乐设施和场（厂）内专用机动车辆等八大类设备。中国特种设备检测研究院承担重大仪器设备的安全技术规范及相关标准研制、定期检验、风险评估、安全评价等，为行政许可、监督检查、事故调查、风险监测等工作提供支撑保障。

（八）投诉召回

产品召回指为保护消费者的人身财产安全和生态环境，针对市场流通的缺陷产品，生产商将已经送到批发商、零售商或最终用户手上的产品收回的活动。在发达国家，产品召回有"自愿认证，强制召回"和"强制认证，自愿召回"两种制度。中国还没有全面实行产品强制召回制度。由于在市场流通的缺陷产品往往具有批量性特点，如不实施产品召回，其对消费者的生命、财产安全或环境的潜在危害是巨大的。国家市场监督管理总局缺陷产品管理中心负责国家层面市场流通的缺陷产品召回制度的具体实施与监督工作，消费品安全与召回技术、产品伤害监测数据分析等基础科学研究，以及相关安全教育工作。

二、数智化质量基础设施

市场监管是具有专业性的现代行政管理科学，市场监管主体负责统筹推动国家统一的计量、标准化、检验检测、认证认可、审查、抽检、知识产权保护、缺陷产品召回工作等质量基础设施建设，以实现宏观市场质量监督管理工作。

（一）对数智化质量基础设施的迫切需求

在消费者层面，新技术不断催生新的产品，面向市场应用广、发展潜力大的战略性新兴产业，由于缺乏前瞻性的产品标准，致使新产品直接进入市场而引发潜在的质量安全问题。虽然事后监管机制能够通过召回制度降低风险，但是给消费者带来的健康安全伤害和社会环境影响是难以弥补的。

在企业层面，一些中小企业，由于缺乏对政府信息的关注，对产品进行市场阶段所需的认证认可、质量检测、质量鉴定、设备校准、标准化工作等，即使认识到其重要性，苦于不能有效找到具有资质的服务机构，或通过中介提高了企业成本，或直接省去了质量把控的关键流程，导致市场流通过程中出现了各种质量问题，进而直接影响到市场监管的效能。

在政府层面，由于缺少多部门协同的数智化质量基础设施，在实际监管工作中，监管人员容易忽视随机抽查结果的分析与运用，导致无法指导后续针对公众的风险交流，以及对失信者与违法者的惩戒。因此，数智化质量基础设施建设在应对新产品的市场准入及市场流通过程中的动态检验检测、信息公开、风险预警将会是十分重要的监管技术。

（二）数智化质量基础设施建设的意义

数字化建设不是为技术而技术，而是应用技术来实现监管的泛在与政府服务的普惠。市场监管的数智化质量基础设施是以市场监管技术为依托，融合计量、标准、检验检测、认证认可、质量投诉与责任追溯、线上召回和投诉渠道、信用监管、交易风险监测、基于风险预警的信息公开等相适应的市场监管功能，通过互联网、物联网、大数据和云计算等信息技术，实现"一个标准、一次合格评定、一个结果、多方互认共享"，面向企业、产业、区域特别是中小企业提供全链条、全方位、全过程数智化的"一站式"质量基础设施综合服务，最大限度提高企业运行效率、降低企业成本。

在政府层面，智慧技术将市场中利益相关者（多个协同主管部门、第三方支持机构、企业、消费者、公众等）联系到一起。基于服务型政府理念，以现代化技术为驱动，技术服务于管理，以服务代替管制，促使产品质量风险信息更加透明、可控，促使企业和公众更加信赖政府，愿意主动公开产品和服务的质量信息，接受政府指导，最终实现整个市场经济的和谐、可持续发展。此外，多个监管主体在质量基础设施平台中公开共享监管信息（例如抽检结果等）更有利于多部门协同监管，为商品质量风险的公共交流提供支持与服务，进一步促进政府的服务性功能。

在第三方技术机构层面，不同于政府履行行政管理职能，其强调技术服务功能。通过在"一站式"质量基础设施的数智化平台提供计量、标准、认证认可、检验检测、质量管理等产品质量鉴定的技术支持，搭建起政府（落实法律法规等市场约束）与企业（产品与服务的有效市场流通）之间的桥梁。

在企业层面，积极主动地参与到多方协同、具有公共服务属性的质量基础设施平台，一方面可以得益于政府共享的法律、法规、政策、标准，第三方检测技术机构共享的技术服务信息，指导企业的战略发展、新市场竞争策略、新产品的合规性设计、常规产品的质量管控，促使企业更愿意与政府、第三方合作，分享企业遇到的问题。此外，企业通过质量基础设施平台与消费者分享产品的质量风险信息，有助于消费者对该企业的认知度和信任度的提升，更有效提升企业的市场知名度、公信力和竞争力。

在消费者和公众层面，数智化的质量基础设施为消费者提供了产品或服务的官方评价、质量监测、质量风险甄别和预警等信息，有效地保护了消费者权益和公众的知情权。此外，消费者和公众通过公共服务平台实时上报所发现的产品质量风险问题，实现市场的风险交流和社会监督。

（三）数智化质量基础设施建设的框架

数智化质量基础设施建设的整体框架要满足以下几个原则：

一是要满足虚实结合的市场监管需求（见图3-14）。数智化质量基础设施的建设旨在满足市场监管在虚拟空间的监管需求，通过先进的信息技术，融合法务、计量、标准、认可、认证、质检、投诉、召回等政府服务功能，其不仅具备信息公开共享的职能，还扮演着政府角色，针对虚拟市场的贸易行为代表政府发声、行事，实现线上线下等同效能的市场监管。

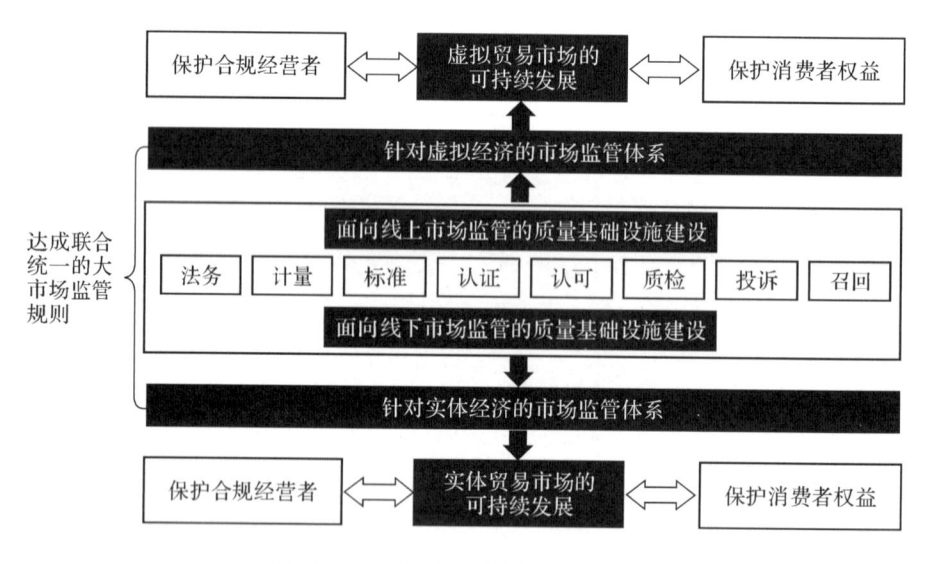

图3-14 虚实结合的质量基础设施建设

二是要满足多部门的横纵向监管事权的协同。为适应知识经济的快速发展，新的网络化横纵向事权分配制度将代替传统层级组织管理结构，数智化质量基础设施不仅应能够支持市场监管部门内部多部门间、多质量技术机构间的纵向事权协同与信息共享，还应能够支持多个协同监管主体间的横向事权协同与市场监管的信息公开与共享，以避免重复性监管、冲突性监管，实现高效的、成本节约的跨区域、跨层级、跨部门协同监管。

三是促进服务型政府下的公民参与。数智化质量基础设施应能促进公民意识在市场监管中发挥作用，通过数智化的企业自主承诺平台、第三方动态信用评价平台、政府官方的商品和服务质量安全风险预警与交流平台，打通政府和公民的沟通渠道，为公民提供共创的数字环境，推动形成全民共创的社会监督机制，逐步构建多元共治格局。

第六节　监管绩效：共创价值的社会效应

依据传统公共行政理论，民众以委托人的身份将公共权力以契约形式托付给政府，由政府作为代理人代其行使公共管理的职责，即政府权力由人民授予。现代政府的合法性源于政府向公民负责，源于公民对政府的认同。社会民众认同一个优质的政府具体体现在两个方面：效能与民主。

政府效能指政府在行使其公共权力，为社会民众提供公共服务过程中，能否综合考虑"投入—产出"（经济性、时效性）、"能否满足民众不断变化的各种需求"（有效性）、"是否符合社会可持续发展要求"（生态性）、提供"兼顾各类民众期望的公共产品与服务"（公平性）。

民主指政府与人民之间的授权关系始终是明晰的，处于一种开放的状态，这体现出政府服务的公共性、公平性、透明性和有效性，从而进一步获得民众对政府合法性的认同[1]。

一、政府效能的指标体系探究

市场监管的功能定位最终都将指向人民群众权利需求的实现。建立市场监管是能否实现"良法善治"的判准，也是法治政府回应当下人民群众

---

[1] 沈荣华，钟伟军. 论服务型政府的责任. 中国行政管理，2005（9）：86-90.

对美好生活需求的必然要求[1]。相较于计划经济时期内部软性监管考核，以及独立监管阶段的市场监管激励机制，新的市场监管机制更强调责任约束，监管问责被纳入领导干部考核，以确保他们有效落实监管执行工作[2]。在监管问责制度下，市场的质量安全问题可依程序一查到底，这对监管主体和被监管对象都形成强力威慑作用。基于风险视角的创新产品市场监管机制还促进了社会监督，公众的舆情监测也辅助了监管绩效考核。

可持续发展是关于生态环境、经济、社会协调发展的理论和战略（见图3-15）。可持续发展是既满足当代人的需求，又不对后代人满足其需求的能力构成危害的发展；既要达到发展经济的目的，又要保护好人类赖以生存的大气、淡水、海洋、土地和森林等自然资源和环境，使子孙后代能够永续发展和安居乐业。2015年，联合国可持续发展峰会上通过了17个可持续发展目标（简称SDGs，英文全称为sustainable development goals，见图3-16），旨在从2015年到2030年间以综合方式解决社会、经济和环境三个维度的发展问题，转向可持续发展道路。在我国，在全面建设社会主义现代化国家进程中包含的一个逻辑是，中国式现代化可以推进可持续发展，只有可持续发展才能全面建成社会主义现代化强国[3]。应用于市场监管的效能评估中，可从社会、经济和环境三个维度构建效能指标体系。

---

[1] 王奇才. "放管服"改革中的行政许可：功能定位与制度衔接. 福建师范大学学报（哲学社会科学版），2022（2）：147-156.
[2] 徐鸣. 监管限度内中国监管绩效评价体系的构建研究. 当代经济管理，2019（7）：18-23.
[3] 乔榛，蔡荣. 中国式现代化与可持续发展. 学习与探索，2023（1）：110-117.

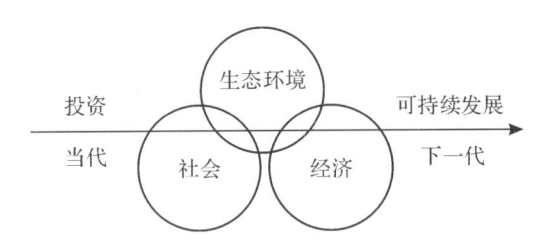

图3-15　可持续发展的概念图

图3-16　联合国公布的17个可持续发展目标

（一）社会发展层面的效能指标

在17个SDGs中，SDG1-无贫穷、SDG2-零饥饿、SDG3-良好健康与福祉、SDG4-优质教育、SDG5-性别平等、SDG10-减少不平等、SDG11-可持续城市和社区、SDG16-和平、正义与强大机构属于社会发展层面的8个可持续发展目标。结合到市场监管效能评价的指标体系中，我们可以得出：

指标1：兼顾不同收入人群的市场需求。将 SDG1- 无贫穷的目标对应到市场监管的工作效能，所制定的市场监管规则是否容许高、中、低档的合规商品的市场准入，是否兼顾到不同收入人群的需求。

指标2：针对不公平竞争的市场规制。将 SDG2- 消除饥饿的目标对应到市场监管的工作效能，自由市场环境下粮食价格、市场粮食保有量是否与人均工资水平、人口保有量，以及儿童营养不良率适配。制定的市场监管规则是否实现了针对不公平竞争的规制，以规避生活必需的消耗品的任何市场垄断行为，规避人民从市场获得生活必需商品变得困难的情况。

指标3：产品健康与安全的保障。将 SDG3- 良好的健康与福祉的目标对应到市场监管的工作效能，所制定的市场监管规则是否保障了自由市场环境下食药类商品、生活消耗品相关的食品安全、职业健康、用户安全。同时，是否保护了合规经营者的市场地位，通过科学的市场监管规则实现对不良商人的驱逐，通过法律法规严格禁止有毒有害产品的市场准入。

指标4：服务业的消费者权益保护。将 SDG4- 优质教育的目标对应到市场监管的工作效能，所制定的市场监管规则是否保障了服务业环节中的消费者权益，是否通过市场方式的教育服务（义务教育外的教育服务产业）促进了公平教育，是否通过宣传教育的方式，提供了服务业质量安全的教育科普、消费者权益的保护宣传，以及为服务业质量安全的风险交流提供质量基础设施服务。

指标5：市场贸易中的性别平等。将 SDG5- 性别平等的目标对应到市场监管的工作效能，所制定的市场监管规则是否兼顾市场贸易中的性别和年龄平等问题，是否平等对待女性从业人员，是否平带对待女性和老年消费者的消费需求和服务体验。

指标6：打破区域间的地方保护。将SDG10-减少不平等的目标对应到市场监管的工作效能，所制定的市场监管规则是否能够打破区域间的地方保护，维护各区域间的统一大市场。

指标7：促进可持续的城市发展。将SDG11-可持续城市和社区的目标对应到市场监管的工作效能，所制定的市场监管规则是否促进了包容、安全、有风险抵御能力和可持续的城市建设，是否推动了就业，是否保障了公众能够可持续地获得吃、穿、住、用、行等基本市场服务，即不因当下的市场贸易活动造成无法弥补的水土、空气、噪声等污染，给公众健康带来隐患，使得下一代无法可持续地获得保障生活必需的基本服务。

指标8：和平、正义与强大机构。将SDG16-和平、正义与强大机构的目标对应到市场监管的工作效能，所制定的市场监管规则是否促进有利于可持续发展的和平和包容社会、为所有人提供诉诸司法的机会，在各级建立有效和问责的体制，在各层级建立有效、负责、包容、公正、和平的机构。

（二）经济发展层面

在17个SDGs中，SDG7-经济适用的清洁能源、SDG8-体面工作和经济增长、SDG9-产业、创新和基础设施、SDG12-负责任消费和生产、SDG17-促进目标实现的伙伴关系属于经济发展层面的5个可持续发展目标。结合到市场监管效能评价的指标体系中，我们可以得出：

指标9：绿色产品、包装和服务的推广。将SDG7-经济适用的清洁能源的目标对应到市场监管的工作效能，所制定的市场监管规则是否在实现监管目标的同时，提高了清洁能源的消耗占比。例如，通过科学合理的市场监管规则，推广绿色产品、绿色包装、绿色服务等，以提高能源效率水平，降低污染能源的使用率，促进可持续的社会发展。

指标10：降低企业的被监管成本。将SDG8-体面工作和经济增长的目标对应到市场监管的工作效能，所制定的市场监管规则是否在实现监管目标的同时，尽可能地减少企业的被监管成本。具体表现在监管措施方面，任何监管时间的减少和效率的提高，都能间接降低企业的商品在市场准入和流通环节的成本。

指标11：支持企业的创新活动。将SDG9-产业、创新和基础设施的目标对应到市场监管的工作效能，所制定的市场监管规则是否通过科学合理的质量基础设施服务，推动产业创新活动，进一步促进可持续的产业发展，活化创新市场的贸易活动。

指标12：促进可持续的生产和消费行为。将SDG12-负责任消费和生产的目标对应到市场监管的工作效能，所制定的市场监管规则是否促进了资源和能源的高效利用，建造了可持续的质量基础设施；是否有利于减少未来的经济、环境和社会成本。可持续消费和生产旨在"降耗、增量、提质"，即在强调质量提升的同时，通过减少整个生命周期的资源消耗、环境退化和污染来增加经济活动的净福利收益。

指标13：推进发展中国家的进出口贸易。将SDG17-促进目标实现的伙伴关系的目标对应到市场监管的工作效能，所制定的市场监管规则是否推动了政府、私营企业、社会三者间建立包容性伙伴关系。基于"把人民和地球放在中心位置"的原则，通过推动发展中国家的进出口贸易，带动世界经济，打造全球范围的良好伙伴关系。

（三）生态环境层面

在17个SDGs中，SDG6-清洁饮水和卫生设施、SDG13-气候行动、SDG14-水下生物、SDG15-陆地生物属于经济发展层面的4个可持续发展

目标。结合到市场监管效能评价的指标体系中,我们可以得出:

指标 14:针对商品对水土资源污染的规制。将 SDG6-清洁饮水和卫生设施的目标对应到市场监管的工作效能,市场监管规则是否兼顾商品全生命周期过程中(包括设计、生产、流通、废弃环节)对水土资源污染的负面影响。例如,由于过于宽松的监管规则,商品(如废旧电池、塑料产品等)在废弃环节造成不良的水土污染。

指标 15:针对商品对大气污染的规制。将 SDG13-气候行动的目标对应到市场监管的工作效能,所制定的市场监管规则是否兼顾商品全生命周期过程中对气候变化的负面影响。例如,不合理的监管规则导致了商品在市场准入或市场流通环节更多的碳排放。

指标 16:针对商品对海洋环境影响的规制。将 SDG14-水下生物的目标对应到市场监管的工作效能,所制定的市场监管规则是否兼顾商品全生命周期过程中对海洋生态系统的负面影响。例如,由于过于宽松的监管规则,污染、过度捕捞等行为导致了渔业耗竭、渔业食品安全等问题。

指标 17:针对商品对陆地环境影响的规制。将 SDG15-陆地生物的目标对应到市场监管的工作效能,所制定的市场监管规则是否兼顾商品全生命周期过程中对陆地生态系统的负面影响。例如,因市场需求的大增,加之过于宽松的监管规则,导致某一物种的急速减少;或因污染、乱砍滥伐等行为导致了荒漠化、生物多样性被破坏、粮食危机等问题。

二、监管绩效评估的方法

(一)基于数智化平台动态获取数据的计量分析

基于政治经济学、管制经济学原理研制指标计量方法,通过动态的数据获取，实时监测监管绩效。通常，可利用数据可视化看板，通过直观图表等形式，将复杂数据信息转化为易于理解的可视化图形，以帮助决策者迅速捕捉关键信息，达到辅助决策的目的。

1. 构建可量化的指标体系

数智化质量基础设施的建设应不仅能够辅助市场监管人员开展监管活动，还应支持监管效果的监测与预警。数据的监测必须将评估指标转化为可量化的指标。例如针对指标9：绿色产品、包装和服务的推广，旨在将SDG7-经济适用的清洁能源的目标对应到市场监管的工作效能评估工作中，可监测商品全生命周期的能源效率提升水平、低效污染能源的使用率（或商品的可持续能源消耗占比）、对发展中国家绿色商品进出口的市场投入等子指标作为指标9的量化结果。

再如，针对生态环境层面的市场监管的工作效能评估，可监测商品全生命周期的碳排放同比增长率、固废同比增长率、导致的水土流失率、水土污染范围、噪声污染范围等量化子指标作为指标14—17的量化结果。

2. 影响效能评估的因素与敏感性分析

敏感性分析法是指从众多不确定性因素中找出对政府效能评估有重要影响的敏感性因素，分析、测算其对效能评估结果的影响程度，为效能评估提供可靠性研究。敏感性分析有助于明确哪些计划外的风险因素会对市场监管的效能产生额外的潜在影响，为市场监管带来不确定性结果，例如战争对进出口的影响，自然灾害、疫情等对市场的影响。

（二）基于利益相关者分析的政府效能评估

1. 方法1：利益相关者的博弈分析

博弈论又被称为对策论（game theory），是运筹学的一个重要分支，主要用于决策分析。博弈论主要研究公式化的激励结构间的相互作用,是研究具有竞争性质现象的数学理论和方法。博弈论已经成为经济学、管理学、计算科学、战略科学等多领域的标准分析工具之一。

应用于政府效能的评估中,可选择恰当的评估矩阵,将利益相关者与评价指标对应起来,构建利益相关者博弈矩阵(例如表3-1)。决策矩阵分为横向坐标 x 和纵向坐标 y,每一个横向坐标 xi 与纵向坐标 yi 的焦点 xyi 是两个交互的影响因子下的决策考虑。具体地,针对利益相关者中的每一方,开展具体指标对应的量化或质化评价,以此得出具体市场监管措施对每个利益相关方的积极或消极影响。

表 3-1 利益相关者博弈矩阵

利益相关方	指标体系							
	社会			经济			环境		
	指标1	……	指标N	指标1	……	指标N	指标1	……	指标N
监管者	+	+	+	+	−	−	+	+	+
第三方质检机构	−	+	+	−	−	+	+	−	+
合规企业	+	+	+	+	+	+	−	+	+
消费者	+	−	+	−	+	+	+	+	+
其他社会群体	+	−	−	−	+	+	+	+	+

2. 方法2:利益相关方的感知调研

感觉指客观事物通过感觉器官接收信息,受到心理作用影响,在人脑中的直接反映。应用于市场监管的效能评估中,消费者、群众、企业用户、从事市场监管的行政人员、负责第三方质量基础设施科学运行的技术人员等关于政府服务的满意度调研、投诉建议的舆情分析,以及公民参与度等基于认知心理学的感知调研方法，能够帮助评估人员更好地理解利益相关方关于政府服务的体验效果和心理感受，以进一步提升服务质量。

感知调研方法的基本流程包括：（1）调研问卷的设计（即心理量表的研制）；（2）利益相关方的样本预调研与调研问卷的验证；（3）样本的抽样方法设计；（4）调研方法的明确（纸质问卷、电子问卷、电话回访等）；（5）调研结果的定量和定性分析；（6）调研结果的报告。

3. 方法3：专家访谈与专题研究

专家访谈的方法旨在邀请各利益相关方中有丰富经验并具有代表性的专家（专家型消费者、决策研究人员、第三方高级技术人员、企业高管等），针对具体市场监管规则的座谈与研讨，通过咨询专家意见与建议，综合衡量该市场监管规则的实施效果。此外，针对特别复杂的问题，还可通过邀请研究机构开展专项课题研究。

第4章

浙江质量基础设施的数字化改革

　　数字化改革引领现代化先行，是解决通向现代化和共同富裕的"船"和"桥"。浙江全方位纵深推进数字化改革，打造全球数字变革高地。数字化改革是围绕建设"数字浙江"目标，运用数字化技术、数字化思维、数字化认知，把数字化、一体化、现代化贯穿到党的领导和经济、政治、文化、社会、生态文明建设全过程各方面，以跨层级、跨地域、跨系统、跨部门、跨业务的高效协同为突破，以数字赋能为手段，以数据流整合决策流、执行流、业务流，推动各领域工作体系重构、业务流程再造、体制机制重塑，从整体上推动省域经济社会发展质量变革、效率变革、动力变革，推进省域治理体系和治理能力现代化。2023年1月28日，也是春节假期后第一个工作日，省委书记易炼红在全省深入实施"八八战略"强力推进创新深化改革攻坚开放提升大会上特别指出，以更大力度实施数字经济创新提质"一号发展工程"，推动以数字经济引领现代化产业体系建设取得新的重大进展。数字经济是决定未来国际竞争力的关键赛道，是最具创新性、成长性的新经济业态。过去，数字经济主战场集中在消费互联网领域，如今云计算、大数据、物联网、AI和区块链等新技术迅猛发展，元宇宙、自动驾驶等新产业、新业态、新模式层出不穷，一个以算力为基础，万物感知、万物互联、万物智能的数字时代正在加速到来。我们要锚定主攻方向，聚力攻坚、创新突破，推动产业能级跃升、创新模式跃升、数字赋能跃升、数据价值跃升、普惠共享跃升，加快构建以数字经济为核心的现代化产业体系。

第一节　浙江计量的数字化改革

浙江计量深刻理解把握数字化改革的内涵，统筹运用数字化技术、数字化思维、数字化认知，把数字化、一体化、现代化贯穿到市场监管各领域各方面的改革中，推进计量监管体制机制、组织架构、流程方式、手段工具的全方位、系统性重塑。从整体上推动市场监管领域的质量变革、效率变革、动力变革，在根本上实现全省计量监管整体智治、高效协同。

一、计量数字化改革现状

浙江计量紧跟数字时代潮流，发挥自身职能作用，聚焦"数字浙江"等重大战略，推动计量体系各要素数字化、智能化转型升级，提升计量支撑数字浙江、智慧社会建设和服务数字经济发展的能力，为高质量发展建设共同富裕示范区夯实计量基础。在以数字化改革为牵引上，全面提升计量创新能力、服务水平和监管效能，解决计量领域监管闭环、支撑强化、服务优化、科技创新等方面的问题，打破了条块分割、条线孤立的碎片化模式，以计量器具为载体，实施生产、流通、消费全链条闭环监管，实现计量基础、计量服务、计量科技创新一体化全面提升，有效推动计量工作理念、模式、方法、机制的集成创新突破，把计量支撑高质量发展作为多环节贯通、多部门协同、多场景应用的"一件事"来攻坚，全面推动实现计量监管智慧化、计量支撑科技进步显性化、计量支撑产业发展高效化、计量支撑民生服务品质化。

浙江计量数字化改革以浙江质量在线为依托（见图4-1），以"大质量"理念，融合标准、合格评定，构建计量数字化监管体系，整个体系由一个大屏，5大系统，N个场景应用和1个大脑组成。

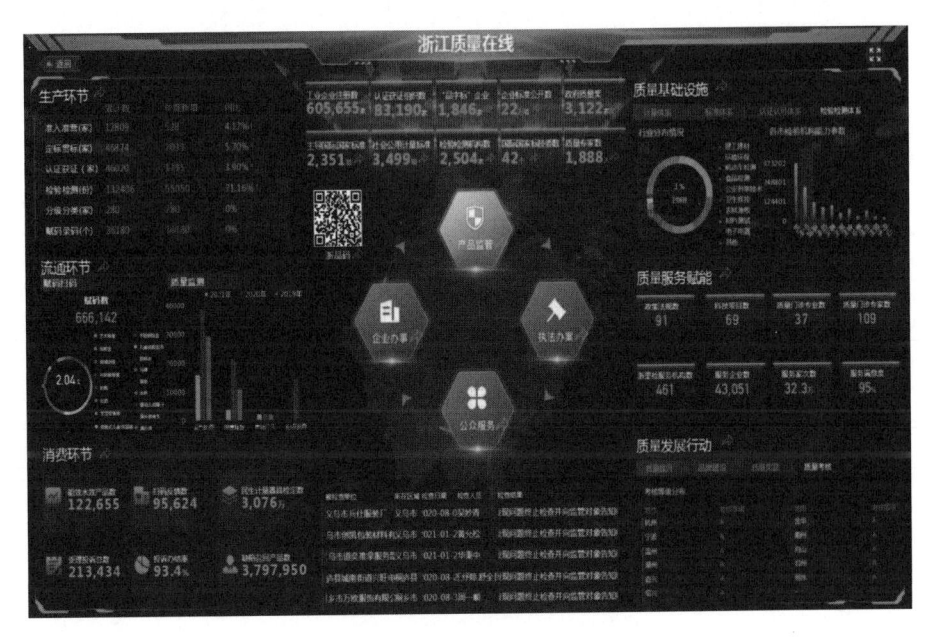

图4-1 浙江质量在线

"浙江质量在线"系统包括1个驾驶舱、2个PC端、2个移动端。总体架构是"1146",即1个集成数据库,1个"浙品码",产品监管、执法办案、企业办事、公众服务等4个专区,生产环节、流通环节、消费环节、质量基础设施、质量服务赋能、质量发展行动等6个模块。总体实现综合集成、智慧监管、便捷服务,做到"一库集成、一码追溯、一网智控、一站服务、一体提升"。在计量领域底层由强制检定计量器具管理(e-CQS)、浙江省计量管理信息系统、"浙品码"信息系统、浙江省行政执法监管(互联网+监管)平台、浙江省市场监管案件管理信息系统五大系统支撑。

二、省级计量数字化建设

(一)计量行政许可

按照数字化改革流程再造,系统重塑的要求,计量数字化行政监督涉及的关键六大行政许可事项:计量器具型式批准、计量标准核准、计量授权、校准机构备案、注册计量师注册和强制检定登记造册备案上,按照"定准核心业务—确定业务模块—拆解业务单元—梳理业务事项—确定业务流程—明确协同关系—建立指标体系—汇总数据需求"业务逻辑路径,从政务服务与监管两个维度事项的最小粒度,形成了计量监管业务事项清单,逐一明确了业务流程和核心业务指标以及形成核心指标的数据项,实现核心业务的标准化、数字化。

(二)计量强制检定

推行全生命周期"浙品码"管理。聚力计量监管中底数不精准、监管不到位等问题,整合完善现有信息系统数据资源,归集计量器具生产企业、出厂编号、型式评价、强制检定、周期检定提醒等信息,开发应用"浙品码"

计量器具模块，实行"一具一码、一码追溯"，实现信息公开、监督共治，有效提升监管效率。建立强制管理计量器具全生命周期计量溯源数据库，做到信息公开、全程溯源、监督共治、风险遏制，实现计量器具全生命周期一码追溯"全检索"。在"一码贯通、风险智控、精准监管"上，以"浙江质量在线"为载体，浙江省计量管理信息系统完成与市场监管总局"中国电子质量监督 e-CQS 业务协同门户"对接，在强制检定工作上实现国家、省、市、县四级贯通。

（三）计量标准研制

建立了省级最高计量标准数据库。构建了与浙江产业发展相匹配的高能级社会公用计量标准数据库，社会公用计量标准全面上线，各市、县（市、区）辖区内法定计量检定机构社会公用计量标准申请、发证统一应用"浙江质量在线"，实现全省社会公用计量标准数据归集各级全部有效社会公用计量标准数据，实现一个入口，全省通办，构建了溯源链清晰、领域覆盖广泛的全省社会公用计量标准数据库。全省共建有各级社会公用计量标准 3563 项，其中各级最高社会公用计量标准 3099 项。

（四）省注册计量师管理

统一全省注册计量师全环节网上注册。按照总局《注册计量师注册管理规定》要求，在全国率先开展注册计量师数字化注册。运用大数据监管方式，对全省注册计量师的人员数据进行全量归集。涵盖一级、二级注册计量师全员注册身份数据，初始、变更、延续注册全流程审批数据，实现注册计量师全员可查，审批流程全程可溯的动态精细化管理。同时，按照多跨协同的理念，设计打通部门内部核查或者部门间核查、网络核验、信用监管等数据，对不诚信的行为，依法依规列入市场监督管理严重违法失信名单。全省共有计量检定人员 1469 人，其中获得一级注册计量师资格 417 人，二级注册计量师资格 594 人。

（五）计量器具监督抽查

实现全省一张网，全面应用浙江省行政执法监管（互联网＋监管）平台。实现检查对象名录库和执法检查人员名录库建立、名单抽取、检查结果录入、数据存档等全流程电子化管理，确保高效便捷、全程留痕、责任可溯。对同一市场主体的不同抽查事项合并实施检查，实现"进一次门、查多项事"的要求。依托行政执法监管平台执法监管共享、部门协同执法、风险监测预警、决策支持等功能，打通行政执法全链条监管信息，实现违法线索互联、监管标准互通、处理结果互认，提高综合监管效能。在双随机抽查中大力推广应用"浙政钉·掌上执法系统"，将数字化监管向末端延伸，打通监管"最后一公里"。

（六）计量监管大脑

构建"计量器具证书报告诊断"大脑，严管检验检测报告出具虚假报告等违法行为。为加强计量技术机构监管，聚焦计量检定机构报告出具量大，存在虚假报告或质量缩水报告的问题，从全量归集、数据清洗、多维集成、思维运算、算值应用等八步法，构建"计量器具证书报告诊断"大脑（见图4-2）。明晰核心诊断数据，完善超出授权范围出具报告、计量标准超期、计量标准溯源不合规、检定人员能力不符、虚假报告、检定行为不规范等七大类证书报告诊断算法模型，构建智能化证书报告诊断模式，形成分析报告和对策建议等，实现用数据链串起监管链、风险链和责任链，有效提升监管全省各级计量检定机构技术活动的能力。

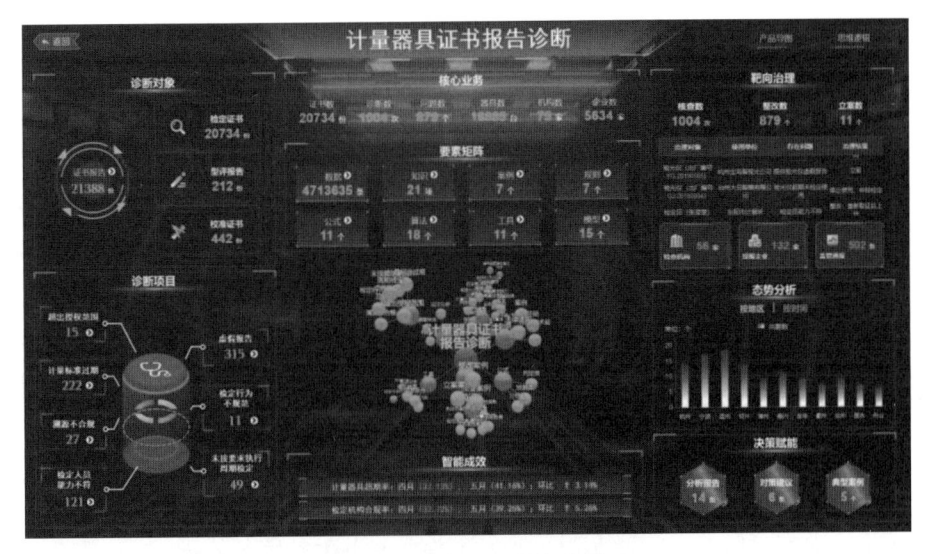

第 4 章　浙江质量基础设施的数字化改革

图4-2　证书报告诊断大脑界面

构建"异常秤探针"大脑，服务民生民安传递量值信任。按照"谋有大局、抓有切口、推有支点、评有标准"的方法路径，全力推进贸易结算用电子秤流程再造、规则重塑、功能塑造、生态构建，以新理念、新机制、重塑市场监管新模式、传递商品交易量值新信任，集成各方力量确保商品交易用电子计价秤量值准确。如图4-3所示，"异常秤探针"以"浙品码"为纽带，打通生产、消费、使用、监管四端，贯通浙江质量在线等数字化系统，汇集生产、登记、使用、监管、消费等数据，打造生产制造、登记备案、首次检定、日常使用、周期检定、维修报废等核心应用场景，实现智能网联电子计价秤全生命周期监管。建立数据漂移和作弊嫌疑算法识别模型，匹配电子计价秤在线或失联状态，推行电子铅封，对法制计量模块实行网络监控、交互数据控制，智能感知各个地区、各个市场、各个商户的计价秤异常信息，实时推送异常信息给当地市场监管部门或市场举办方进行处置。

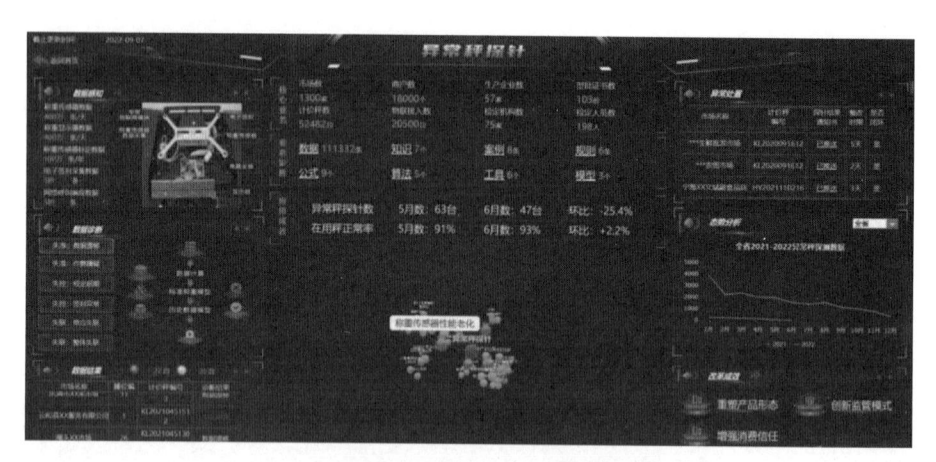

图4-3 异常秤探针大脑界面

实现失准实时监控、失联实时可查、失控实时预警的闭环管理。

在"检验检测一件事"集成改革方面，一是全力打造计量检定校准"一件事"智慧治理应用场景。以"浙品码"为纽带，实现一站服务"全过程"。持续优化完善"浙里检"系统，上线客户自助查询和自助受理平台，实现客户自主下单、自助查询委托进度、下载电子证书和查验证书真伪等四大功能，大幅提升用户体验。围绕"检的管理""检的过程""检的结果""检的监督"4大重要环节构建一级场景，贯穿检验检测"一件事"监管、服务2端，贯彻"全域""全量""全类"理念，构建业务受理到报告出具的全流程服务。二是聚焦助企惠企，探索计量服务新形态。为解决浙江省仪器仪表产业计量检测痛点难点，进一步纾困惠企、稳进提质，创新传统计量检测模式，全国首创建设远程智控方舱计量检测实验室，构建以物联视讯、智能安防、环境保障、数据安全为核心的高集成度、高智能化物联控制实验室，将实验室"嵌入"企业产品生产链末端，实现计量检测远程可视、专业定制、便捷高效。方舱计量实验室实时对接"浙里检"服务平台，企业在线下订单、样品不出门、报告立刻拿，真正实现"一次不跑，一屏通办"，有效破解企业送检"最后一公里"难题。集成改革期间共建立温州天信仪表集团有限公司流量计方舱计量检测等3家实验室，形成《远程智控方舱计量实验室要求》团体标准一项，共检定流量计3697台、互感器156台。温州天信仪表集团有限公司气体流量计样品检测周期从原来的7个工作日缩短到了4个小时，交货周期缩短7个工作日，为企业抢占市场提供了极大的帮助，为企业节省重复包装、运输和人力等直接成本1000多万元。在远程智控方舱计量实验室基础上，启动建设远程智慧计量检测统一管控平台应用，将平台与实验室业务管理系统打通，实现业务远程受理、数据传输、智慧检测、一键出证、证书推送等全过程闭环管理，同时提出建设开放应用平台，省内计量技术机构、企业均可接入该平台，进一步扩大应用的覆盖范围。

三、市县级数字化建设情况

在全省计量数字化建设一张网推进过程中，市县局以"浙江省计量管理信息系统"平台为载体，在计量器具型式批准、计量标准核准、计量授权、校准机构备案、注册计量师注册和强制检定登记造册备案上全部实现省市县三级贯通。各市县局以各自业务系统为支撑，迭代升级计量数据模块建设，强化对接"浙江质量在线"等数字平台，推进"浙品码"赋码、"二检合一"等重点工作，打通市县级强检器具信息壁垒。

各市县局计量技术机构按照法定计量检定机构考核要求，建立、完善了自身的业务系统，提高了检定效率，提升了管理水平，提高了服务质量。通过计量业务系统加强机构内部检定流程、检定质量等全方位的管理。对检定业务进行具体实施和管理，并跟踪检定状态，监督检定成果，实现了检定的科学高效管理；通过原始记录无纸化软件进一步规范检定行为，提高检定效率，确保检定质量。通过采取强制检定设备智能化、数据系统化的手段，探索打造智慧计量实验室，在民生关切、生命健康和除险保安三个方面，部分实验室进行了底层数据直采，初步打通了自动化检定的业务数据流，夯实了计量数字化底座。

一是聚焦民生关切，实现加油机智慧检定。燃油加油机强制检定的工作流程包括客户网上强检备案预约、现场检定、制作证书、检定合格标志张贴等诸多环节。一个流程闭环至少需3天、客户跑检测机构2次才能完成。加油机智慧检定系统（见图4-4），利用阿里云等平台，通过智能化仪器设备——加油机自动检定装置、手持终端、移动异地办公、CA数字认证等诸多设备与技术实现了加油机现场检定数据自动采集，原始记录电子化，检定数据结果直接上传至业务管理平台，通过网络异地三级审核，生成电子版检定证书并发送电子版证书链接的短信给加油机负责人，打印带检定证书链接二维码的加油机检定合格标志。消费者在加油站通过扫码查看证书文件了解加油机计量信息。整个过程操作可在检定现场完成，做到加油机检定一站式服务、客户"一次不用跑"、消费者对加油机准不准随时可查。

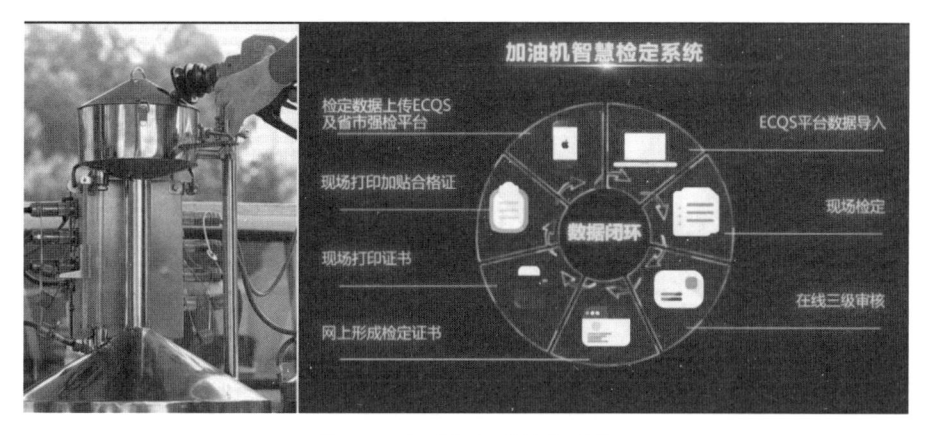

图4-4 加油机智慧检定系统

二是聚焦生命健康，医疗器具原始记录数据自动采集。水银血压计和无创自动测量血压计量大面广，为保证其量值溯源的准确可靠，为生命健康保驾护航，针对检定原始记录耗时、纸质保存记录不低碳，人工处理数据失误等问题，创新思路、优化效率，开发了医疗器具原始记录数据采集系统，极大地优化了检定程序，提高了检定效率。实现器具二维码建档查询、原始记录自动计算、证书自动生成等功能。

三是聚焦除险保安，开展压力表数字化检定。针对送检单位多，压力表数量大，送检时间长，手动填写原始记录和证书制作易出错、费时、费耗材的问题，在部分县级机构试点建设全自动压力表检定装置（如图4-5所示的全自动压力检定软件），实现自动检定、数据实时记录、原始记录和证书自动生成。改进后，采用自动检定方式，原始记录和证书的出错率下降约70%，每只压力表的检定、制作原始记录和证书环节可节省10分钟，提高检定工作效率和准确性。每年可节约压力表证书和原始记录纸张6万多张、墨盒60多只。

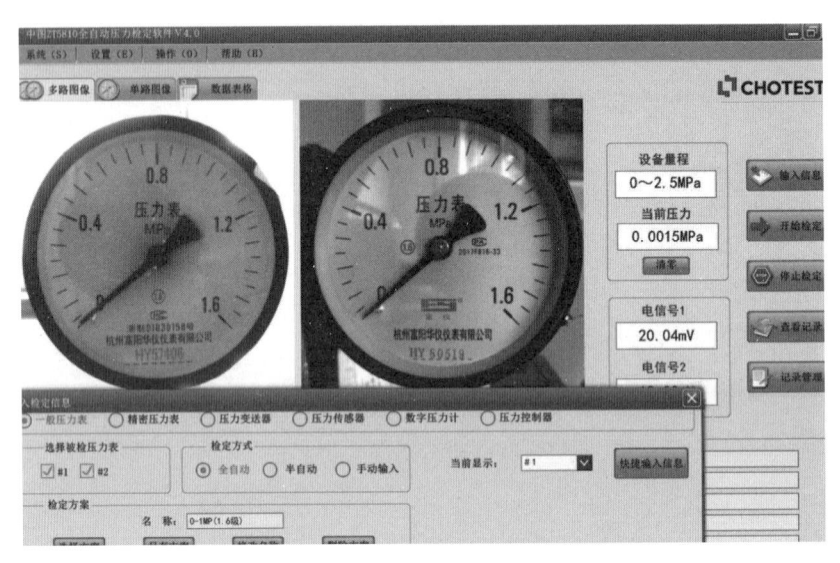

图4-5 全自动压力检定软件

四、问题与展望

数字化改革是浙江省市场监管现代化先行的要求，也是事关计量有效监管、社会服务、质量提升、社会公平正义技术支撑的关键。要破除思维定式、部门壁垒和路径依赖，按照新发展理念，构建计量工作新动力、新机制、新格局，必须依靠数字化改革进行制度重塑、流程再造、组织优化，依靠数字化汇集、系统集成，有序发现现有工作中存在的问题、弊端和不足，精准实现以问题、目标、效果为导向的改革新局面。

一是计量器具全品类、全行业、全链条、全生命周期的监管未实现全覆盖，存在"监管不到位"问题。计量监管涉及面广、工作量大，所需要的计量监管人才、技术手段和财政能力都未达到预期。浙江互联网经济发达，市场需求呈现出网络化、多样化和多元化的特点。如今5G的快速发展以及移动互联网的普及使市场需求能够通过各种数据化表格来显示，进而使得市场更为精准地迎合群众需求，不断发明创造出符合各具特色的产品。产品的数据化、多样化相应带来了计量的多样化和数据化，进而加大了对市场产品以及交易行为计量监管全领域覆盖的难度。

二是计量管理信息系统智能化程度不高，底层架构和现有的海量监管数据不匹配，表现为统计功能弱，事务导向性的搜索功能未能有效建立，数据流和业务流相互交织，难以有效区分，部门间数据协同性不高，基层监管中，由于市场主体质量数据信息不集中，影响计量监管的精准性与有效性、监管资源使用效率。推动计量监管数字化改革，将互联网思维运用到计量监管领域，利用互联网、大数据等信息技术的聚集、融合、优化优势来创新监管方式，探索监管新机制，形成"互联网+"新形态，既是在监管人员少、监管对象多的情况下用泛互联技术实现计量监管的精准化，也是降低监管成本、提升监管效能的有效手段。

三是计量支撑科技发展的显性作用不突出。我国已经进入高质量发展的新阶段，产业结构调整、重点行业发展对测量准确度提出了更高要求，浙江"三大科创高地"建设对解决极端条件下测量和生产过程中的现场、在线和快速测量的量值溯源能力提出迫切需求，目前水平与预期尚存差距。"作用不明显"等问题，需要对标对表国际先进和国内领先水平，补齐短板，发挥支撑省域现代化先行的计量提能作用。

五、对策建议

数字革命已成为百年未有之大变局的关键变量，数字化改革是数字浙江建设的新阶段，是政府数字化转型的一次拓展和升级，也是确保浙江走在前列的重大战略举措，努力打造"重要窗口"的标志性成果。数字化改革是一个复杂的巨大系统，浙江计量要继续奋勇先行，以坚韧不拔的顽强作风，完成这一场"刀刃向内"的自我革命。未来计量数字化改革需要进一步关注以下几方面：

一是以问题解决为导向，加强数字化体系建设顶层设计。计量的涉及面十分宽泛，凡是有准不准的概念时就涉及计量，数以万亿计的计量器具如何实现全量器具的有效管理和服务，相关的监管、服务体制机制性问题需要系统研究。《计量发展规划（2021—2035）》已经出台，浙江省贯彻落实国家计量发展规划的实施意见也已出台，如何以数字化的手段贯彻浙江省落实国家计量发展规划的实施意见，相关的路径还须继续摸索。在数字计量上点、线的突破比较多，在一体化综合集成上相互的融合度还不高，还须对场景、应用、数据、"大脑"等方面进行综合规划，制定各系统集成规范与实现方法，整合业务流、数据流、决策流，形成纵向省市县三级贯通、横向行政和直属单位贯通的总体架构。还须加强相关行政许可、计量监管、技术服务、科技创新的数字化改革统一的标准规范体系建设，深入探索计量数字化系统体系建设，包括在线计量标准如何构建、实时计量的数据如何应用、现行的计量检定规程如何改进等。

二是以数字技术运用为手段，加强科技赋能。在互联网技术的深度加持下，计量器具的属性呈现多参量、多属性、多功能的复合，单一计量器具的属性边界越来越模糊，以检定校准技术规范为基础的量传溯源管理方式在海量的计量器具面前耗时耗力且与基层计量监管的人力配备产生供需矛盾，需要以在线、实时、智能化的数字化技术监管现有的器具、创新服务的体制机制。在数据顶层设计上，探索建设省市县三级的"计量数据仓"，构建面向分析的集成化的数据环境，通过分析结果为监管及服务提供决策支持。

三是以数字化项目为载体，总结提炼规律性认识。进一步推进计量技术机构自动化检定项目建设，提升智慧化水平。持续推进"浙江质量在线"计量板块迭代升级，进一步丰富民生计量领域智慧计量应用场景，拓展数字计量应用，提升计量大脑产品分析决策算力，按照数字化思维，总结规律性认识，提出计量领域可复制、可推广的数字化项目建设和管理验收规范。

第二节 浙江标准与认证认可的数字化改革

一、现状

2015年，浙江被确定为全国首个开展国家标准化综合改革试点的省份，国家标准化管理委员会和浙江省政府签署合作备忘录，共同探索标准化综合改革。浙江省政府先后发布总体方案和各阶段实施方案，部署标准化管理体制机制、高质量发展标准体系、加强区域和国际化合作、提升标准化治理能力等方面的目标任务，相继出台了《浙江省人民政府关于加快建设标准强省的意见》《浙江省人民政府关于印发浙江省"标准化+"行动计划的通知》《浙江省人民政府关于印发浙江省国家标准化综合改革试点工作方案的通知》等政策意见，以标准化手段和方法不断践行新发展理念、构建新发展格局。浙江各地结合实际，开展标准化建设工作，打造了城市特色样板：杭州市编制《杭州市标准国际化白皮书》，截至2021年4月，形成了"数字经济"领域 1700 家企业基础数据库、200 家重点企业培育库和 400 余名标准化专家智库；宁波市着力将标准化原理、标准化方法引入乡村治理，积极探索乡村治理新途径，为社会治理现代化提供了"宁波样本"；义乌在全国率先启动"标准城市"建设，以改革创新为动力，积极探索以标准化落实新发展理念、引领高质量发展的实践路径。

2018 年 1 月 1 日《中华人民共和国标准化法》修订实施，标准化工作由原来的工业领域拓展到农业、服务业、社会事业等领域。浙江省加快《浙江省标准化条例》修订步伐，根据国家标准化战略纲要出台情况，出台浙江省的贯彻方案或规划纲要。制定发布浙江省标准强省"十四五"规划，部署"十四五"时期标准化建设重点任务。截至 2022 年，浙江累计主导制定国际标准 50 项、国家标准 2300 余项，现行有效地方标准 1000 余项，发布团体标准 5000 余项，数量位居全国第一，企业标准公开数量达到 27 万余项，位列全国第二。

浙江省认证认可工作起步于 20 世纪 80 年代初，目前，浙江省已经建立了较为完善的认证认可体系，认证种类涉及质量管理、环境管理、职业健康安全、能源、食品安全等多个领域。同时，浙江省还在不断完善认证认可制度和标准，加大监管和执法力度，打击认证认可领域的违法违规行为，维护了认证认可市场的良好秩序。此外，浙江省还积极开展国际合作和交流，逐步拓宽认证认可的国际视野，提升认证认可的国际影响力。同时，浙江省也在不断探索新兴领域的认证认可，如新能源、新材料、电子电器、生物医药等领域，为经济转型升级和高质量发展提供了有力的技术支撑。

二、数字化改革

浙江省积极推进标准与认证认可的数字化改革，坚持问题导向，按照"链""码""在线"三大数字化系列为业务起名，纳入"数字化市场监管驾驶舱"管理，每个开发任务都从业务工作的逻辑起点开始，梳理业务流程，厘清业务逻辑，建立闭环管理体系，在新技术应用、场景化开发方面形成一定的规模和成效。

（一）顶层设计

2021年10月，浙江省颁布《浙江省标准化条例》，与《浙江省标准化管理条例》相比，重点提出了推进标准化工作数字化改革。条例立足于标准化工作向整体智治、高效协同监管转变，提出省标准化主管部门应当会同同级有关主管部门，建设全省统一的标准化公共服务平台和标准化数据库，运用大数据、互联网、人工智能等信息化手段，为社会团体、企业事业单位和其他社会公众查询或者咨询标准信息、提出立项建议以及自我声明公开标准等提供便捷服务，并鼓励设置二维码等数据载体，方便公众查阅相关标准的主要技术指标。

2021年10月中共中央、国务院印发《国家标准化发展纲要》，2022年初浙江出台《关于贯彻落实〈国家标准化发展纲要〉的实施意见》，明确浙江要立足全面实施标准化战略先发优势，深入推进标准化综合改革，迭代升级标准化体系，有效增强标准化治理效能，高标准助力高技术创新、促进高水平开放、引领高质量发展，有力支撑社会主义现代化先行省和共同富裕示范区建设。该意见提出，到2025年，要在打造标准化战略引领先行地、创新发展领跑地、开放合作新高地、数字变革策源地"四个地"方面取得突破性进展，具体设置了七项量化指标，从标准化助力创新、协调、绿色、开放、共享发展和标准化自身改革两个方面明确了相关内容，包括推进标准化与科技创新互融互促、构建现代产业标准化体系、加快共同富裕美好社会标准化进程、强化生态文明建设标准化保障、加快城乡区域协调发展标准化建设、持续推进标准国际化、全面深化标准化改革七个方面重点任务，涵盖了标准化服务经济社会生态发展的重点任务以及提升标准化治理效能的重要改革。

聚焦数字化改革，浙江省还印发了《浙江省数字化改革标准化体系建设方案（2021—2025年）》。谋划以标准统一数据定义、规范系统开发、支撑多跨集成、助推制度重塑，以标准体系引领"1+5"系统建设，打造涵盖标准体系、工作推进体系、技术支撑体系、安全保障体系的"五横四纵"标准化体系。其中，标准体系共分为基础规范标准、建设指南标准、系统建设标准、典型应用标准、绩效评价标准等五个层级。建立"揭榜挂帅"和"赛马争先"机制，将标准化体系建设纳入数字化改革目标责任制考核内容，强化该标准化体系建设的组织协调、政策保障、专家支持、数字化支撑以及监督评价。在此推动下，研制数字化改革术语定义、公共数据目录编制指南、公共数据分类分级规范等地方标准，梳理国际国内各类标准，提炼形成重点推动实施的基础通用标准。

顶层设计之下，政府与市场共治的标准化工作格局持续深化，部门标准化工作职责更加明确，标准制定管理和实施监督机制日益完善，统一协调、运行高效的标准化管理体制逐步形成。

（二）平台建设

上线"浙江标准在线"数字化应用，综合集成地方标准管理、试点示范项目管理、企业标准服务等信息化系统，将标准化管理、研制、宣贯和实施工作纳入数字化运行，全省各地市场监管部门则通过积极推广落地"浙江标准在线"，构建产业核心标准体系，促进标准化工作的协同。

上线"之江标准信息服务平台"数字化应用，拥有 400 个国内外标准组织的海量标准题录和文本，通报 TBT（技术性贸易壁垒）/SPS（卫生和植物卫生措施）/美国及欧盟召回等标准研究前沿信息，并提供权威标准查询、阅览、打印、翻译等服务。

浙江省标准化平台的建设，实现了标准文献管理、标准制修订、标准发布、监督评价、信息公示等标准化业务的数字化管理，浙江省各地区可以共享标准数据，帮助企业、社会团体和个人快速了解和掌握标准化相关信息，不仅提高了标准化工作的效率和质量，还为后续标准监管提供了有力的技术支持，推进标准化工作的数字化和便捷化。

（三）地域协同

推进长三角区域标准数据质量提升数字化改革，逐条比对国家、行业标准题录数据库，解决标准题录著录的准确性、标准文本数据的完整性、标准废止时间差异等问题，统筹协调标准数据资源数字基础设施建设，完善差异数据常态化跟踪与反馈联动处置机制，借助数字化、信息化技术手段，协同采录渠道，促进长三角标准数据质量提升。

（四）标准应用

通过"浙江省标准化统计监测平台"给浙江省制造业企业开展标准化建设画像，用数字化手段衡量标准化的经济效益，实行"统一领导、分级管理、逐级报送"的组织方式，调查省内主营业务收入 2000 万元及以上的工业法人单位、专精特新"小巨人"企业、"品字标"企业、"浙江制造"

标准起草企业、高新技术企业。2018—2021年收集了3.8万家规上制造业企业、31个制造业行业、11个地市的22万余项企业执行标准信息、10万条标准采标信息，包含了标准化专/兼职人员数、标准化经费投入、执行标准数等标准化能力评价指标，以及采标产品产值占比、采标产品出口额占比等标准经济贡献评价指标。从2019年的数据来看，标准化经费投入与生产效率呈正相关，系数为0.65；各地市实施市场自主制定标准数与利润总额呈正相关，系数0.89；各行业的采标产品出口额占比，与出口交货值占比呈正相关，系数为0.67。通过持续开展统计监测分析，可以掌握全省制造业企业实施的各类标准及对应的产值情况，测算制造业执行标准与国际一致性程度，明确标准与制造业高质量发展的关系，找出标准与劳动生产效率、企业经济效益、行业对外贸易的相关性，推动标准化工作以数据说话、凭数据决策，加快标准化工作从管理标准向管理数据、管理经济绩效转型。

（五）认证应用

开展异质性认证服务领域的数字结构化改革，"浙江制造"认证是浙江的自愿性产品认证项目，数字化改革异质性认证，就是在原有"浙江制造"认证管理系统的基础上，提出结构化拆解认证过程和审核要素，进行同类要素整合、归类，再重组符合性证据的数字化认证模式。通过基础性理论研究，可提升异质性认证工作的关联度和机构间数据的采信，并可改主动监管为被动监管，实现认证过程的常态化管理，通过开展"一次认证多国证书""一次认证多机构联合发证"等，可以帮助企业降低费用，提升获证效率。

三、行业发展规划

进一步提升数字化标准服务能力。建设上下协调、全省统一的标准化公共信息服务平台，挖掘标准化数据价值，提升标准化管理和服务智能化水平。推进数字化改革标准体系建设，加快标准化研究和服务机构数字化转型，建设标准数字馆藏，提升适应数字时代需求的标准化服务能力。探索在线协作编制标准，发展机器可读标准。

进一步提升标准评价科学化水平。完善标准化统计监测制度，强化统计数据分析，将相关指标纳入国民经济统计指标体系，推动结果运用。支持开展标准化发展监测体系研究，实施标准化发展评价制度，定期开展标准化战略实施情况评价，发布区域类、领域类标准化发展报告。健全专项工作评价机制，重点开展"浙江标准"先进性、标准化良好行为、标准实施效果等评价。

进一步夯实数字化质量技术基础。迭代升级"浙江质量在线"，加快实现全流程质量监管、全要素质量基础、全领域质量服务、全方位质量提升，数字赋能质量发展、品牌建设、产品监管、计量管理、标准创新、合格评定等领域系列改革。迭代"浙江标准在线"加强标准化试点项目、标技委等应用系统建设，迭代地方标准、浙江制造标准、标准化专家库等应用模块。

进一步发挥认证认可服务高质量发展的基础性作用。把握认证认可工作发展方向，根据浙江省绿色认证集成改革的总体部署方案，建设"浙江绿色认证在线"，健全市场主体绿色认证推进体系，扩大浙江省与国家部委、省级部门之间的系统互联互通和数据共享范围，建立区域绿色认证联盟，推行"一次认证，多张证书"认证合作，推进认证结果互认互通和采信推广，打造满足需求、解决问题的多跨典型应用。开展绿色数据中心服务认证，完善绿色数据中心服务认证制度，提升运营水平，推广长三角地区地方标准《公共机构数据中心评定规范》，推进长三角区域绿色数据中心一体化发展。

第三节　浙江检验检测的数字化改革

检验检测是国家质量基础设施的重要组成部分，是国家重点支持发展的高技术服务业和生产性服务业，2021年浙江省共有各类检验检测机构2300余家，实现营业收入近300亿元，户均产值1200余万元，人均产值36万元；全行业从业人员超过8万人，出具检验检测报告8000余万份，平均每份检测报告收入在350元左右；上亿机构有41家，上市机构有17家，获得高新技术认定企业282家；拥有各类仪器设备50多万台套，仪器设备原值200多亿元；实验室面积440万平方米，户均实验室面积1900余平方米。全省机构涉及检测参数累计超过76万项，方法标准累计超过38万项，较上一年度同比增长超过16%，累计产品标准11.87万项，同比增长超过12%，累计方法标准38.40万项，增长近5%，项目覆盖医学、纺织服装、棉花、建筑工程、食品、农产品、水质、环境监测、建筑工程、机动车安检、卫生疾控等36个专业领域，与全国现有能力比较，基本实现项目领域全覆盖。

2021年度全国检验检测机构实现营业收入4090.22亿元，浙江省检验检测机构全年实现营业收入300.08亿元，占全国市场份额7.34%，列全国第五位，前四位依次为广东、江苏、北京、上海。全省检验检测机构营业收入同比增加34.63亿元,同比增长13.05%,高于全省GDP 8.50%的增速,浙江省检验检测行业继续保持强劲增长态势,从检验检测机构从业人数看,浙江省拥有300人以上大型机构共15家,占比0.64%,100人到300人的中型机构共108家,占比4.62%;11人到99人的小型机构共1783家,占行业总量的76.29%;人数10人及以下的微型机构有431家,占行业总量的18.44%,可见检验检测服务业中,小微型机构仍然占据行业的主体地位。

在检验检测职能发挥和现阶段发展中的问题方面,检验检测主要发挥"维护社会公平、保护环境、保护人类与动植物健康、促进技术进步和生产发展、维护民生"五大方面作用,全省检验检测机构主要分布在建筑工程领域、建筑材料领域、环保设备与环境监测领域、食品及食品接触材料领域、机动车领域、卫生疾控领域、农林牧渔领域、纺织服装及棉花领域、医学领域。随着行业快速发展,检验检测行业整体形势向好,机制逐步完善,综合实力不断增强,但仍存在创新能力和品牌竞争力不强、市场化集约化水平有待提升、市场秩序不够规范等问题,浙江省将全面贯彻落实省第十五次党代会"推进先进制造业与现代服务业深度融合,做强做优生产性服务业,培育服务业新形态"的要求和市场监管总局《"十四五"认证认可检验检测发展规划》《关于进一步深化改革促进检验检测行业做优做强的指导意见》工作要求,运用数字化手段,推进检验检测行业变革重塑。

一、数字化改革工作推进情况

在检验检测机构资质认定准入和监管改革方面,浙江省市场监管局以数字化改革为抓手,深入推进检验检测资质认定改革,构建高效公平的准入机制,对检验检测机构申请变更、部分领域复查等7项审批事项实施自我声明，减少现场评审。通过持续改革，检验检测机构资质认定审批申报材料精简，审批时长缩减为 15 个工作日以内，自我声明制度下仅需 2 个工作日，技术评审平均时长 32 天，审批效率领跑全国，全网申报率、网办率、电子数据应用率均达到 100%。在检验检测资质联合审批方面，聚焦资质联合申请不够便捷、部门间信息交换不及时等问题，浙江率先推行检验检测机构准入资质联合审批改革，实现"一次申请、联合评审"，服务检验检测机构，省时省事省钱。在检验检测行业事中事后监管方面，浙江省同步运用数字化技术手段，跨部门、跨行业、跨平台归集检验检测关键信息，在"大综合一体化"综合改革背景下，运用"互联网+监管""双随机、一公开"等数字化应用和科学监管方式，将治理的重点从事后检查向事中监督、事前约束延伸，有利于打造审批全流程、监测全要素、监管全过程、服务全领域高效协同、整体智治的治理新模式。

在加强资质认定专家团队管理，提升审批全环节质量方面，浙江省市场监管局深化市场监管领域"证照分离"改革，出台《浙江省市场监督管理局检验检测机构资质认定技术评审专家资格和评价管理要求》，加强检验检测机构资质认定技术评审专家资格和评价管理，提升资质认定的准入许可评审全环节工作质量，并委托省质科院重点对全省资质认定评审专家区域分布情况、全省技术评审任务工作量情况、专家委派情况、专家委派任务执行情况进行了数据分析，形成《2021 年度检验检测机构资质认定技术评审数据分析报告》，为考察评审专家的任务执行率和联系紧密性提供了详细的数据支持，对各审批窗口严格执行任务随机抽取要求起到了督促作用。

在助推检验检测公共服务优质共享方面，搭建"浙里检"公共服务平台。

第4章 浙江质量基础设施的数字化改革

省市场监管局认真贯彻落实省委、省政府推动"最多跑一次"改革向公共服务领域延伸部署要求,围绕检验检测"一件事",着眼于有效解决检验检测服务中的难点、堵点、痛点问题,按照企业和群众"最多跑一次"甚至"一次不跑、事事办好"的理念目标,在全国率先探索推进实施检验检测服务"最多跑一次"改革,于2019年9月启动"浙里检"平台开发建设,并于2020年1月2日召开实务公示会上线运行,"浙里检"平台立足于为企业提供一个能按需快速、精准查询,全方位了解检测机构的渠道,搭建企业与检测机构的信息互通桥梁,以"网上办+掌上办"为手段,解决"哪里检、找谁检、怎么检"问题,实现了企业和群众通过"浙里检"平台进行机构查询、委托下单、物流送样、费用支付、报告下载全流程"一网通办",做到检验检测业务办理"一次不跑、事事办好",2020年12月,"浙里检"荣获第三届市场监管领域社会共治优秀案例,在2021年进一步开展"我为群众办实事、我为企业解难题、我为基层减负担"专题实践活动,打造"三服务"2.0版,推进"浙里检"平台建设,助力企业检验检测"一件事"全流程一网通办的相关工作被浙江省党史学习教育领导小组办公室列入省级层面50项任务清单,2021年底已实现访问量超1000万次,成交金额超3亿元。

"浙里检"平台主要包含PC端+移动端小程序,通过贯穿查询机构、委托下单、在线支付、物流送样、检验检测、报告寄送、报告在线查看/在线下载、报告签收、服务评价等检验检测业务全流程服务,实现"掌上办+网上办",阶段性打通实验室业务管理系统(LIMS)和物流收单系统,综合集成检验检测机构信息、项目能力信息、技术标准信息、行业咨询信息,汇集产品质量检验检测、特种设备在线报检、计量器具检定校准、建筑工程专项检测、环保卫生专项检测、国家质检中心专项服务、开发实验室共享、浙江制造在线认证服务、认证认可在线服务、标准服务等各类服务，打造检验检测一站式服务综合体。

在以检验检测为核心基础业务的基础上，搭建质量基础设施"一站式"服务平台。2021年8月，浙江省市场监管局集中上线了"浙江企业在线""浙江质量在线""浙江市场在线"，标志着浙江市场监管核心业务已实现数字化改革全覆盖。其中与浙江省质量检验检测和质量基础设施一站式平台密切相关的"浙江质量在线"，搭建了"1146"系统总体架构，聚焦生产、流通、消费三大环节，对产品质量安全实施闭环管理，以"浙品码""质量门诊""质安校园"等多个定制场景提供公共服务，构建了一个集成数据库，一个二维码"浙品码"，产品监管、执法办案、企业办事、公众服务四大功能专区，生产环节、流通环节、消费环节、质量基础设施、质量服务赋能、质量发展行动六大核心业务模块，提供四个用户端口，其中两个PC端口，两个手机端口，分别提供给基层监管人员、企业、社会公众使用，坚持多跨度、大场景、小切口，立足综合集成、智慧监管、便捷服务，集成民生计量、标准全景、"质安校园"等数十个应用场景，其中"浙品码"通过赋码、录码、扫码，实施全生命周期管理，实现"一码展现工业产品全貌、一码知晓计量器具状态、一码查验检测报告真伪"，其已经出现在了不少商品的包装上。在理论成果方面，2022年1月29日，浙江省市场监督管理局批准发布了DB33/T 2428—2022《质量基础设施"一站式"服务平台建设与管理规范》省级地方标准，为进一步规范全省质量基础设施"一站式"服务平台建设提供基本遵循，标准主要围绕平台建设、管理、服务等方面，构建形成了4个一级指标，12个二级指标、37个三级指标为一体的、全省统一的服务平台建设评价体系，全省共建成100余个质量基础服务平台，覆盖全省98个省级产业创新服务综合体，为服务浙江经济高质量发展提供坚实保障。

在检验检测过程管理和服务模式创新方面，一是以浙江省计量科学研究院为代表的远程智控方舱计量实验室，率先在全国创新实验室服务模式，通过实施"传统实验室+远程智控"技术改造，构建以物联视讯、智能安防、环境保障、数据安全为核心的高集成度、高智能化物联控制系统，实现自动控制检测过程，把实验室"嵌入"企业产品生产链末端，做到企业产品线上检测、零距离服务，大幅度提升了检测效率，检测周期由过去的7个工作日缩短至4小时，检测效率提升42倍；二是"断崖式"减少送检成本，预计每年能为企业节省物流运输、重复包装和人力等直接成本超千万元；三是"跨越式"提升服务满意度，实现检测从"最多跑一次"到"一次都不跑"。以浙江省轻工业品质检院为代表的市场监管大脑数字化项目"数字阳光实验室"建设，按照全周期、全链条、全环节、全要素，搭建六大应用场景，建成新型"数字阳光实验室"样板，先行先试对接省局"检验检测智慧治理平台"，首创共建"远程评审/在线监管"新模式，全面运用原始记录电子化（GELN）应用改变以往机构的检验检测工作模式，以机器换人，实现从设备采集数据、解析、读取、结果录入到生成并即时查看原始记录全流程自动化，并通过数据自动采集、自动计算和修约、结果自动录入、标准自动判定等功能，极大减少了人工处理数据、汇总原始记录的工作量，大幅度提升工作效率，有效解决传统纸质原始记录模式耗时、费力、易错、难溯源等问题。

二、行业发展规划

根据国务院《"十四五"市场监管现代化规划》、省第十五次党代会关于做强做优生产性服务业主要任务，以及市场监管总局《"十四五"认证认可检验检测发展规划》《关于进一步深化改革促进检验检测行业做优做强的指导意见》工作要求，运用数字化改革推动检验检测领域重塑性变革，是实现检验检测服务业市场化、集约化、社会化、专业化、技术化发展的必然要求。

（一）进一步优化检验检测行业准入许可

加强数字监管能力，推动"放管服"政策走实走深，在检验检测资质许可联合审批、下放审批权限方面进一步运用数字化手段，优化现有资质认定管理系统，加强系统间的协同性，提升审批效率，在资质申请方面，以"服务企业"为起点，改善服务监管体验，对申请要素进行最小颗粒度的拆解，让机构在申请资质认定时在线上多做"选择题"，少做"简答题"，进一步提高资质申请的便捷性，同时提高资质申请材料的规范性、统一性。在资质认定现场评审方面，基于疫情、安全、旅途限制等不可抗力，进一步运用数字技术推进远程评审，利用ICT（信息与通信技术）、物联感知、远程视频设备实现资质认定"人机料法环"的远程评审，对数量少的参数扩项，减少评审步骤，提升评审效率，节约行政资源，减轻机构负担。进一步优化资质认定公示查询平台，方便机构、消费者等查询审批的结果。

（二）进一步提升检验检测公共服务效能

全面贯彻落实省第十五次党代会关于检验检测生产性服务业做强做优以及全省服务业高质量发展大会强调的变革重塑，创新制胜，加快打造现代服务业强省的精神，奋力推进"两个先行"，持续发挥"浙里检"公共服务的核心作用，不断迭代升级"浙里检"服务场景，在完善检验检测机构查找、业务下单、在线支付、在线开票、报告下载、报告查询等服务流程的基础上，推进检验检测"一站式"服务延伸扩面，高质量延伸至计量校准、特种设备核准、标准验证、认证认可、知识产权、品牌建设、绿色低碳等各类技术服务，建立市场环境下的新型检验检测服务供需关系，由单一检验逐步向集成检验为基础、质量诊断为手段的产品质量综合解决方案转变，提升服务能力和意识。

（三）进一步提高检验机构数字智控水平

随着国家对于生产性服务业、高技术服务业的大力支持，检验检测行业数字化转型既是服务于我国数字经济发展和产业质量提升的现实需要，也是检验检测行业做大做强的必由之路，倒逼检验检测机构聚焦检验检测业务梳理、流程再造、系统重塑和闭环管理等关键环节，提升数字智控水平，充分发挥实验室管理系统（LIMS）应用底座作用，加快推进检验检测领域"原始记录电子化""机器换人""远程检验""阳光检验"等智能化建设，通过智能化数据采集技术，促进检验检测业务提质增效的同时，加强检验检测活动中产生的环境、设备、人员、方法条件数据可追溯性，减少人为干预，还原检测数据真实场景，最大限度提升数据的可信度。

（四）进一步营造协同共治的良好氛围

实施行业风险监控，推进机构实验室管理系统数据对接，拓展风险信息采集渠道，落实行业部门管理责任，完善行业风险监测指标体系，加强农业、自然资源、生态环境等重点领域的检验检测行业风险信息归集，建立行业领域检验检测活动过程追溯、舆情监测、风险预警、信息共享、数据分析等风险监控机制，实施主体信用监管，充分运用分级分类监管的思路，建立检验检测机构信用风险分类指标体系，强化信用监管。实施社会监督共治，引导检验检测机构通过自我声明、公开承诺、信息公示等方式，严格落实从业机构主体责任，探索建立"吹哨人"、内部举报人等制度，鼓励以自律公约、同行评议的方式强化行业自律，同时畅通投诉举报渠道，鼓励社会公众、新闻媒体对检验检测机构行为进行监督，提升舆论监督和行政监管的协同效果。

（五）进一步推进检验检测机构变革重塑

按照政府职能转变和事业单位改革要求，进一步理顺政府与市场关系，科学界定检验检测机构功能定位，鼓励经营类机构要转企改制为独立的市场主体，实现市场化运作，着力做优做强；大力推进公益类机构整合，重点强化涉及国家、生态、公众健康等安全领域检验检测的统筹建设和管理，优化布局结构，强化公益属性，提升职业化、专业化服务水平，通过线上线下联动推进，最终形成统一大平台，通过数字信息集成、大数据分析，持续提升适配浙江高新技术及新兴产业发展的检验检测能力。

第四节 浙江食品安全的数字化改革

一、"浙食链"系统缘起及主要特征

长期以来，食品安全事关民生福祉和公民健康，尤其对于食品的监管一直受到社会各界的广泛关注。相比欧美、日韩等发达国家和地区对于食品数量安全、食品质量安全以及食品可持续安全的制度和法律体系，我国对于食品安全的制度建设起步较晚，2004年1月1日开始实行食品质量安

全市场准入制度，主要涉及大米、食用植物油、小麦粉、酱油和醋五大食品行业，随后延伸至肉制品、乳制品、方便食品、速冻食品、膨化食品、调味品、饮料、饼干、罐头等行业。随着人民生活水平的日益提升，为了更好地满足人民对美好生活的向往，在确保粮食刚性供给的同时，如何实现种植养殖、生产加工、流通、餐饮等多环节的食品安全成为当前重要的民生问题。受食品供应国际化影响，食品生产经营的供应链环节在急剧增加，对食品安全性提出了新的挑战。

为了解决食品安全监管问题，浙江省市场监督管理局联合阿里云研发了"浙江省食品安全追溯闭环管理系统"（以下简称"浙食链"），并于2021年3月15日正式上线。该系统上线标志着浙江省基本实现了食品安全从农田（车间）到餐桌的闭环管理以及从餐桌到农田（车间）的追踪溯源。该系统上线近一年，已经实现与11.3万家食品生产经营主体对接，并实现了1371.7万批次食品的溯源管理。该系统也因此入选全国首届食品安全智慧监管十大优秀案例，也被浙江省政府列为2021年十大民生实事之一。"浙食链"系统具有以下特征。

实现闭环管理。"浙食链"系统实现了全品类食品上"链"，融合一码统管、一库集中、一链存证、一键追溯、一扫查询、一体监管等六大功能，构建了"厂厂（场场）阳光、批批检测、样样赋码、件件扫码，时时追溯、事事倒查"的食品安全智慧监管的新模式和应用场景。该系统的所有功能可以在浙里办、支付宝、微信小程序和浙政钉四个APP端口输出，供食品生产经营单位、消费者、执法人员接入使用。该系统真正意义上实现了监管全流程再造和重塑，在推动食品安全治理能力现代化的同时，保障消费者享有充分的知情权，通过扫码查询食品产地、生产加工、出厂检验等信息，并及时获得监督抽检中不合格产品的召回信息。对于生产经营单位而言，该平台还可以将原来纸质台账转换成数字资料进行保存，大大提高了企业管理效率，降低了其管理成本。从执法人员和监管机构的角度出发，通过后台数据查询企业的生产经营情况，并组织企业开展自查，有助于及时消除风险隐患；同时，结合日常巡查和宣传引导，鼓励经营户和消费者及时查询产品信息，真正意义上打通食品安全数字监管的"最后一公里"。

打通溯源路径。生产流通企业在食品流转过程中，可以扫取"浙食链"追溯码做出入库管理、完成流通环节交易等。执法人员在日常监管过程中，可以扫"浙食链"追溯码完成票证检查、流通链路追溯以及食品安全风险处置等工作。

提升监管效能。"浙食链"系统颠覆了以往传统分段监管的模式，以数字化改革实现了监管流程再造、系统性重塑和社会共治，让各方面分享改革的红利，加快了食品安全治理体系和治理能力现代化的进程。

保障数据安全。"浙食链"系统采用的数据安全技术能实现数据来源打标、数据访问权限校验、访问隔离、数据脱敏、水印溯源、数据审计等，从而实现数据防泄露、数据安全体系化保护，确保企业放心上链。

二、监管模式及应用前沿

对企业的监管。第一，企业信息激活。相关食品企业登录"浙食链"企业端完成企业信息激活。第二，完成数据对接。相关食品企业通过数据接口接入，实现企业进销存数据与"浙食链"实时共享。第三，完成视频接入。已建成视频监控系统的企业，完成视频数据对接。

旨在保障消费者权益的监管。一方面，保障消费者的知情权。消费者通过支付宝或者微信扫一扫食品包装上标有"浙食链"的二维码（"浙食链"追溯码）后，能够了解该食品的生产加工状况、工厂自检结果、监督抽检结果、食用农产品产地和合格证明、进口食品检疫和消毒证明等。另一方面，基于消费权益的双向风险预警。若该食品在监督抽检中被判定为不合格，监管部门会在"浙食链"系统召回该批次产品，警示消费者避免食用。若消费者遇到购买的食品出现质量瑕疵，采购票据又丢失，商家不予赔偿的情况，监管部门可追溯食品流通链路，锁定出售商家，维护消费者权益。

全球二维码迁移计划。浙江省于 2022 年 5 月率先建设全球二维码迁移（Global Migration to 2D，以下简称 GM2D）示范区，共同推进"浙食链"成为 GM2D 在全球的首个推广应用项目。

GM2D 是由 GS1（国际物品编码组织）于 2020 年底提出的一项全球性倡议，旨在推动全球商品编码在 2027 年前由一维条形码向二维码转换，为商品换发二代身份证，不仅可以显示商品的生产日期、有效期、批次、检测报告等信息，还可通过扫码连线"GM2D 在线"云端查看该商品的实时动态信息以及图片、视频等丰富内容。由于二维码能承载无限大的信息量，在商品管理上可实现颗粒度最小化，具体精确到商品的每个生产批次，如扫码即可显示商品是否过期，若过期则在出库时予以拦截；监管部门可扩展叠加很多功能，方便消费者、生产者的使用；等等。截至 2023 年 6 月，GM2D 倡议在全球范围内尚无实质性、大范围落地应用。

浙江在条码研究与应用领域一直走在全国最前列，取得过许多里程碑式的突破。随着数字经济时代的到来，浙江省市场监管局在全国率先运用二维码打造"浙食链"食品安全追溯体系，研究制定二维码的编码规则、标准和技术方案，首创性提出源头治理、溯源管控、信息共享、社会共治、交易结算等"一码、一体、一链"综合集成新模式。

三、全省实践及接入现状

（一）浙江杭州：赋码提升监管效能①

杭州市拱墅区将 GM2D 引入商超的管理，将部分浙产食品附上"浙食链"二维码，通过扫码即可实现生产批次、保质期、食品配方等产品信息以及从生产到流通各环节的可视化，使得产品溯源路径透明化，进而更好地保障消费者的知情权及其他相关权益。同时，通过扫码可快速完成商品的支付，提高了消费者的支付效率，在不断完善食品安全追溯体系的同时，持续放大 GM2D 的社会效益。

该赋码行动于 2022 年启动，拱墅区在积极探索 GM2D 实践应用的同时，实现了食品生产流通领域的二维码集成改革，进而助力联华华商集团成为全球首家实现二维码结算的连锁经营企业，持续打造食品安全追溯体系。截至 2022 年 10 月，全区共激活上链"浙食链"生产经营单位超 5300 家，联华华商集团浙产预包装食品赋码率已达到 65.5%，非浙产食品浙食链赋码种类数量达 543 个。

为了更好地打造 GM2D 示范区，杭州市拱墅区于 2022 年专门组建了"二维码迁移"计划工作专班，先后锁定拱墅区 23 家生产企业和 5 家大型超市龙头企业作为主要的试点单位，从试点带动到全面提升，逐步形成梯度培育模式。在此基础上，形成链条试点，截至 2022 年 10 月底，其中试点单位共计上链 84 个食品商业品类，形成预包装食品 284 批次，共计 2281.41 吨，

---

① 陈明珠，赵文琼. 浙江杭州拱墅区积极探索"GM2D"实践应用.（2022-10-20）[2023-2-17]. http://www.cnfood.cn/article?id=1583030918179946498.

并实现重点产品100%实体赋码或转码以及100%阳光工厂覆盖，旨在推动数字赋能食品企业的全链条监管。同时，在大型商超中首次实现"浙食链"二维码溯源和一维条码结算，实现收银系统和浙食链系统的高度融合与智能对接，助力构建和完善商品流通监管全流程追溯系统。

（二）浙江绍兴：探索多环节的场景应用

绍兴市将"浙食链"系统应用推广到食品流通环节，在全面接轨GM2D示范区建设的同时，提高实体转码率，截至2022年10月，全市共激活流通主体11462家，56家大型商超浙产预包装食品"浙食链"实体赋码率达62.6%。

针对特殊流通群体，绍兴市进行科学分类和分步推进，前期主要针对农批市场、城区农贸市场、大型商超，随后逐步面向校园配送单位、批发企业、母婴店、保健食品店等进行推广，并指导完成点位提升。同时，绍兴市在仓储方面推动全市6家大型商超门店建立虚拟账号，采用流通企业操作方式，通过仓库主体向商超执行出入库操作。结算方面采用扫码插件方式，申请表统一提交省局，对有困难须提供技术服务的确定2名技术人员开展下沉式指导。稳步推进商超仓储、结算改造工作，重塑商超用码体系。

2020年以来，绍兴市聚焦校园食品"一件事"改革，全国首创"校园食品安全智治"平台，推进校园食品安全智治，实现全市1118家中小学和幼儿园食堂全覆盖应用。2022年，绍兴市市场监管局联合市教育局，推进校园食安智治三期建设，实施学生用餐安全营养服务工程，创新打造"校园智慧安心点餐系统"，并在全市16所学校试点使用，在全省率先开启校园食安智治服务新模式。学生在食堂取餐窗口通过取餐屏刷脸、刷卡、取餐码等方式，在取餐屏中核对确认并领取套餐；智能取餐屏将套餐信息语音播报给食堂从业人员，帮助从业人员快速将套餐提供给学生。有了该系统，校园食材配送溯源信息全面对接"浙食链"平台，与全省食品监督抽检不合格数据、全市农贸市场农产品检测不合格数据实时比对，智能研判，拦截"风险订单"，将"问题食材"封堵于校园之外。

针对地区特色行业，柯桥区作为绍兴市首家特色食品作坊集聚发展智慧共治试点地区，将率先在安昌试点酱醉制品数字化治理，上线运行全市首个智慧共治中心。分别在安昌古镇游客服务中心、智慧共治中心、食品作坊商户设置电子显示屏，优化购买体验、推介优质作坊、实现实时监管。安昌在产食品作坊全市率先实现 AI 抓拍、温湿度、紫外灯、洗手消毒器、挡鼠板位移检测等物联感知设备建设，有效实现智能预警—在线督办—隐患排除的闭环风控机制。

（三）浙江宁波：赋能菜篮子食品安全监管

2022年5月宁波市市场监督管理局专门启动了民生实事项目《2022年宁波市民生实事项目"甬有食安"行动实施方案》，投入20余万元用于快速监测、冷冻冷藏等设备改造。在完善日常经营设备的同时，进一步加大食品管理力度。宁波市的江北广厦菜场是首批在经营户中推广应用"浙食链"的农贸市场，截至2022年10月，该市场已实现23户商户信息激活，上链品类涉及猪牛肉、牛蛙、韭菜等重点农产品；在此基础上，实现从传统的纸质票据向线上电子追溯系统的转变。

"浙食链"系统上线以来，截至2022年10月，宁波奉化区共计6家重点建设的农贸市场和225户经营户激活"浙食链"系统平台信息；组织市场内经营户开展《重点品种浙食链应用》等培训，并印制"浙食链"交易操作指引，张贴在各蔬菜摊位上，供采购商及市场内二级批发商学习使用；

引导包括牛肉、蛙类、猪肉等14个重点品类的经营户及时扫码上传溯源信息，相关信息涉及7872条，包括及时报备上游销售凭证、产地证明、市场监测证明等相关资料。

（四）浙江象山：实现海鲜全过程溯源

宁波象山将海鲜罐头的生产批次、监督抽检、"阳光工厂"等溯源信息全部融合于"浙食链"二维码，消费者通过扫码即可获取所购买海鲜罐头的基本信息。宁波某海洋生物科技有限公司在海鲜生产和流通过程中做了这方面的尝试。同时，为了更全面地启用GM2D迁移计划，该公司与其他水产终端食品生产企业合力巩固、深化"浙食链"的应用和治理。截至2022年11月，共计30家水产品生产企业激活了"浙食链"的相关应用，上链品类共计124个，上链批次1680个。

借助物联感知、智能识别等数字化手段和应用技术，象山县对关键生产环节进行实时监管，并对关键数据进行智能采集、实时监测和自动上传，进而实现原材料存储、生产加工、出厂包装等关键流程的实时监控和操作规范化。象山县将在水产企业的专业化、精细化和特色化方面做进一步的尝试，借助GM2D推动水产品上岸—加工—运输—销售等全流程数字化追溯。

（五）浙江松阳：为国家地理标志证明商标附上"身份"

松阳香榧一直是该地区的特色农产品，为国家地理标志产品附上"浙食链"二维码是该地区的一次有效尝试和有益探索。在第15届中国义乌国际森林产品博览会上，香榧的生产厂商将"浙食链"二维码印在了地区特色农产品的包装上，消费者通过手机扫码即可进入浙江省食品安全溯源闭环管理系统页面，查看"阳光工场"产品生产和流通的实时画面。

松阳县紧跟全球趋势，将 GM2D 计划与地方特色产业高度融合，高质量推进地区香榧行业的转码工作和母子品牌战略，并于 2018 年向国家商标局注册了"松阳香榧"国家地理标志证明商标，拥有区域公用品牌 1 个，创建榧香源、雅贞、小白麻等香榧品牌 32 个；企业通过包装印制等方式实现技术升级和智能监管，其中包括了条形码、"丽水山耕"标志和"浙食链"二维码。该二维码是 GM2D 应用落地的重要载体之一，松阳香榧的炒制、包装阶段都通过该二维码得以展现。

第5章

创新产品质量风险的监管技术研究[①]

第一节　创新产品的案例介绍

一、案例介绍

3D 打印技术是一项起源于 20 世纪 80 年代的三维打印技术，属于快速成型技术的一种，又称增材制造，实际上是一种以数字模型文件为基础，运用粉末状金属或塑料等可黏合材料，通过逐层打印的方式来构造物体的技术。3D 打印通常是通过数字技术材料打印机来实现的，主要应用在工业制造、文化创意、国防事业、生物医疗、建筑工程、教育领域。其中，3D 打印玩具笔和 3D 打印机作为创新产品，采用了 3D 打印新技术，以非常低廉的价格进入了市场，获得消费者广泛的关注和购买，尤其获得了创客教

---

① 该案例研究由浙江省市场监管局 NQI 项目支持，编号：20200102.

育机构和中小学校的青睐。

3D 打印笔是根据 3D 打印技术原理改进的一款便携小巧的 3D 打印设备。利用 PCL、PLA 和 ABS 塑料，3D 打印笔无需电脑或电脑软件就可以在任何表面"书写"，甚至可以直接在空气中作画。市场中常见的品牌有柏奈儿、卡古驰和得力等，普遍使用 PCL 和 PLA 作为打印材料。已实现商品化的 3D 打印机共涵盖了光固化成形（SLA）、选择性激光烧结（SLS）、材料喷射（3DP）、分层实体成型（LOM）、熔融沉积成型（FDM）等工艺。常用的材料主要包括聚乳酸（PLA）、聚己内酯（PCL）和丙烯腈—丁二烯—苯乙烯（ABS）等材料。

然而，ABS 材料应用于 3D 打印笔的相关质量与安全风险尚不明晰，甚至未能及时找到专业标准的具体指导，该类产品却已广泛在市场中销售。本章将对 ABS 材料应用于 3D 打印笔的监管作为新产品市场准入案例，应用第三章——智慧市场监管的理论框架，构建针对创新产品质量风险的监管机制，为知识经济视角下市场监管体系的构建提供研究基础[1]。

二、监管问题

（一）缺失相关质量标准，新产品直接进入市场引发质量安全问题

市场调研发现，现行监管机制缺乏针对创新产品风险研判的法律、法规和技术标准约束，致使一些创新产品在缺乏产品质量和安全风险研判的前提下，大批量进入市场流通阶段。例如 3D 打印笔，还没有进行产品质量安全的风险识别，产品就已经在市场广泛流通了。本案例调研了 2021 年 9

---

[1] 冯晓雷. 基于风险视角的创新产品市场监管机制研究. 政府监管评论. 2023（2）：83-101；耿洁，姜博. 面向材料质检平台建设的数字政府质量监管技术研究. 政府监管评论. 2023（2）：102-123.

月销售量超过 200 件的 3D 打印笔的市场情况（其中销量千件以上的如表 5-1 所示），并按照 2021 年 9 月 3D 打印笔的销量完成了 3D 打印笔销量汇总表，月销量超过 200 件/月的品牌共有 60 多个产品。最畅销的品牌柏奈儿，销量达到了 25000 件/月。通过打印笔销量对比发现，柏奈儿、卡古驰和得力销量达到了 3D 打印笔月总销量的 51% 以上，是 3D 打印笔畅销品牌。

表 5-1 某电商平台中月销量千件以上的 3D 打印笔品牌汇总

品牌	月销量/件	品牌	月销量/件	品牌	月销量/件
柏奈儿	25000	启物者-1	2778	小马良	1350
卡古驰-1	15000	柏奈儿	2496	洛夫特-1	1339
得力-1	7000	墨丝	2336	得力-2	1302
酷电星	6000	益新科	2801	启物者-2	1212
得力-2	2945	易之鸣	1786	祥兴达-1	1100
得力-3	2945	深圳世纪方圆数码	1635	祥兴达-2	1100
Kmoso	2947	FENGENUIS	1612	得力-3	1084

（二）质检数智化基础设施无法指导企业开展产品创新

当创新产品进入市场流通阶段，随着过程性风险放大，各领域市场失灵频繁发生。检验检测服务，作为市场监管的质量基础设施"一站式"服务的重要环节，面对检测技术的专业性和产品种类的多样化，其数智化的服务模式处于起步阶段，其服务模式是以现行有效的标准为核心的，业务人员普遍缺乏专业性，企业很难通过质检的数智化平台获取产品创新的有效信息指导，例如危险品的技术标准要求、面向材料质量风险的信息交流、产品创新的市场准入信息等,只能按照企业标准和市场需求,探索性地开展产品创新。有质量和安全问题的创新产品量产并进入市场时,一方面给消费者的健康安全带来极大隐患,另一方面企业的产品召回等事后补救措施也会进一步增加企业创新的成本。因此,数智化的检验检测服务功能一直是有待解决的问题与监管技术挑战。

第二节 监管主体:纵向事权的分工与协同

我国监管机构多由计划经济时代的行业管理部门转变而来。"条块分割"的制度惯性导致监管体系分割。每个部门都基于自身职能定位开展决策和行动,甚至出现了不协同、相冲突的"碎片化"政策体系[①]。

当前,为高效推进数字化改革,各质量基础设施的第三方支撑机构,如认证认可、质量检测、质量鉴定、设备校准、标准化工作等均建设了自己的数字化服务平台。然而,由于缺少由政府牵头的"一站式"质量基础设施建设,一些中小企业不了解商品在市场准入和流通阶段所需的检验检测服务,找不到具有资质的第三方服务机构。

此外,市场监管主体自身由于"碎片化"的数字化服务平台不能形成合力,难以通过这些珍贵的市场数据开展智慧的动态分析与风险预警。这种"碎片化"政府服务,既消耗了大量行政资源,又无法形成风险防范的制度合力,最终放大了市场活动的过程性风险。

---

① 胡颖廉."中国式"市场监管逻辑起点、理论观点和研究重点.中国行政管理,2019(5):22-28.

第三节　监管内容：创新产品的质量安全

一、产品质量风险

产品质量风险识别涉及产品质量和产品安全两个方面。产品可信性描述了产品性能好坏，旨在确保产品生命周期各阶段（设计、制造、使用、废弃）的可靠性、可用性和维护性，常作为重要的产品质量要求列入产品规范。通过实施产品可信性分析，能够实现对产品潜在质量问题的风险识别。RAM 是可靠性 (reliability)、可用性 (availability) 与维修性 (maintainability) 的英文首字母缩写（见图 5-1）。可靠性、可用性和维护性，作为产品或系统长期运行的质量特性，共同反映其在规定时间内，能完成规定功能水平的置信度[1]（即系统的可信度 dependability）。RAM 的理论方法与技术方法作为全面质量管理的组成部分，是系统全生命周期管理中有关质量控制的关键指标[2]。

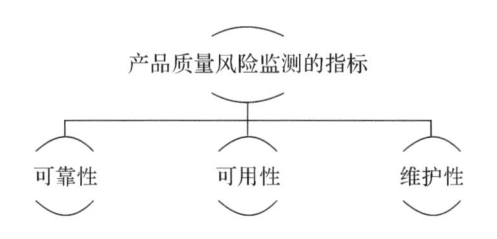

图5-1　构建产品质量风险监测的指标体系

---

[1] 许述剑，刘小辉，邱志刚，等. 基于可靠性模型的 RAM 技术在 FCC 装置的应用研究. 2015 中国化工学会学术年会论文集. 2015：1-7.
[2] 申得济，苏义宝，赵德旺，等. LNG 供应链可靠性、可用性和可维修性（RAM）分析. 中国石油和化工标准与质量，2022（1）：131-132.

(一)产品可靠性

GB/T 2900.13—2008《电工术语 可信性与服务质量》定义可靠性为"产品在给定的条件下和在给定的时间区间内能完成要求的功能的能力"。可靠性是一个概率值,跟产品或部件故障率(λ)有关,是评价产品质量的重要指标,即:

$$R = 1 - \lambda \quad (1)$$

其中,R 为可靠性;λ 为产品或部件单位时间内的故障率。

可用性和维护性通常是成组出现的系统指标,它们是关于正常运行时间或维护时间的一组指标。

(二)产品可用性

可用性是产品可正常运行时间与总时间的比率。有用性反映了产品在特定条件下能够令人满意地发挥功能的概率,即:

$$A = \frac{MTBF}{MTBF + MTTR} \quad (2)$$

其中,A 为可用性;$MTBF$(mean time between failure)即平均无故障工作时间,或单位时间内系统能够正常运行的总时长;$MTTR$(mean time to repair)即平均修复时间,或单位时间内系统处于维修状态的总时长。

(三)产品维护性

维护性是产品处于维修状态的时间与总时间的比率。维护性衡量了产品的可修复性与可改进性。其中,可修复性指产品在发生故障后修复(恢复)的难易程度;可改进性指其产品接受对现有功能改进或增加新功能的可能性,即:

$$M = \frac{MTTR}{MTBF + MTTR} \quad (3)$$

其中，M 为维护性。

二、产品安全风险

安全性指系统在其全生命周期内不会造成物理性、化学性、生物性和人体工学性伤害的系统指标。职业健康和安全管理体系（ISO 45001:2018）明确了产品可能产生的物理性伤害、化学性伤害、生物性伤害和人体工学性伤害的风险类型（见图 5-2）。

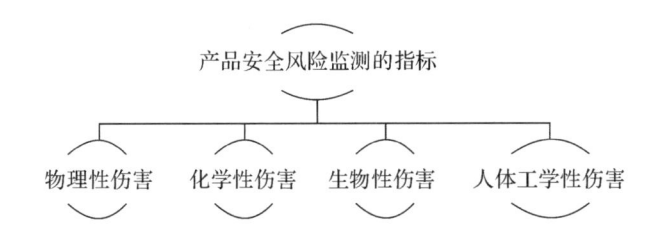

图5-2　构建产品安全风险监测的指标体系

（一）物理性伤害

物理性伤害通常指由于物理因素，一般包括机械性损伤、温度性损伤、压力性损伤和放射性损伤等导致机体的损伤，如外力击打、擦伤、夹伤、坠落、震荡、冷冻、触电、电击、超声波或放射线等。

（二）化学性伤害

化学性伤害通常指产品中所含有毒有害的化学物质，包括化学品、农药、有毒气体、化学毒剂、生活煤气等，通过口鼻吸入或皮肤吸收进入人体，对人体造成的直接性损伤。例如因火灾、爆炸、烟雾、烟尘等产生的气体被人体吸入后引发局部皮肤黏膜的烧灼伤、腐蚀等伤害。

（三）生物性伤害

生物性伤害通常由昆虫、菌菇、病毒、细菌、寄生虫等引发，其通过针头、空气吸入、食物、血液、体液、皮肤侵入人体，造成人体机能损伤，是常见于食品、医美服务、保健品、服务业的质量安全问题。

（四）人体工学性伤害

人体工学性伤害通常指在产品设计时忽略了人体工学性设计原则，使产品与人体特性和能力无法匹配。人体工学性伤害包括两个部分：一是生理性危害，如姿势不良、施力不当、连续重复性动作，对人体骨骼肌肉产生的不良影响；二是心理性危害，如使用某个产品或体验服务时心智负担过重，造成心理与生理的交互影响。

第四节 监管机制：动态风险的质量监测

现行监管机制中创新产品的技术标准约束缺失，在市场准入阶段难以开展针对产品标准的风险预评估。基于风险视角的动态监管机制，强调了面向创新产品的质量和安全风险评估与预警机制，包括动态的风险识别、风险分析、风险评价、风险预警与风险交流五个内容。在监管机制的优化层面，首先，通过技术标准，明确创新产品质量和安全风险识别的指标体系。例如产品可信性描述了产品性能好坏，旨在确保产品生命周期各阶段的可靠性、可用性和维护性。通过实施产品可信性分析，实现对产品潜在质量风险的识别。安全性指标体系确保产品在其全生命周期内不会造成物理性、化学性、生物性和人体工学性伤害。其次，用技术标准规范风险分析的方法和流程，明确风险事件的有效性判定标准，风险事件的出现频率与概率计算方法，事故发生后果的严重性等级研判标准。最后，通过法律法规，规范创新产品准入，事中、事后监管的具体要求，建立健全有效的第三方风险评估机制、面向创新产品的政府服务规范和要求，基于风险研判的预警、管控和公众交流的社会监督机制。

一、事前监管

考虑到无论创新产品还是传统产品，均由材料、外观、用户操作几个方面构成，本书提出面向材料质检的质量基础设施的建设思想，旨在打破依靠产品标准的质检模式，针对产品核心材料、操作规范、外观设计、使用环境实施市场准入报备，实现产品标准缺失情境下的风险预评估和市场准入研判，保障消费者权益。核心流程主要包括三个方面：(1) 产品关键信息申报；(2) 单个材料的风险预评估；(3) 复合材料的风险预评估；以及 (4) 市场准入的风险研判与交流。

（一）产品关键信息申报

市场准入阶段要求生产者或经营者申报关键产品信息，以获取创新产品的风险数据，为开展产品质量与安全预评估工作提供数据基础（见表 5-2）。

产品可靠性的数据获取可通过两种途径。首先，要求厂商直接提供相关数据，例如要求产品使用说明书中显示该产品及其关键备件的故障率信息。其次，通过操作说明书、维修说明书、警告说明书、备件及故障率、产品故障率，获取影响产品可靠性的故障环境和场景、引起故障的操作、产品构造、备件故障率等，根据产品可靠性计算方法，获得产品故障率及可靠性预测值。

产品可用性的数据获取一方面来自厂商针对产品性能和系统特征等描述性信息的申报；另一方面来自市场监管主体的投诉与召回部门关于类似产品、相关行业的投诉与召回信息。通过自然语义分析技术绘制知识图谱，开展相关行业、相关产品的功能可用性评价。结合统计性描述，预测创新产品的可用性。

产品维护性的数据获取一方面来自厂商申报的维修说明书、警告说明书中提供的可追溯性管理信息、维修维护保障、产品更新方案等信息；另一方面来自市场监管主体，尤其是产品投诉与召回部门关于类似产品、相关行业的投诉与召回信息。通过舆情等自然语义分析技术，绘制知识图谱，开展相关行业、相关产品的功能维护性评价。结合统计性描述，预测创新产品的维护性指标。

特殊要求的数据获取主要来自标准验证部门的支持，通过标准数据库的自动匹配，获取创新产品相关行业的国际、国家和行业标准的特殊要求。虽然不能实现面向创新产品的标准对标，但是可以实现模块化的行业特殊要求标准的对标，为创新产品的跨国、跨省域、跨行业的市场准入保驾护航。

表 5-2 产品质量风险识别的潜在数据来源

二级指标	风险识别内容	技术标准
可靠性	产品供应商必须提供产品质量检验合格证,如: – 操作说明书; – 维修说明书; – 警告说明书; – 备件及故障率; – 产品故障率等	GB/T 2900.13—2008
可用性	用户在特定环境下有效、高效、满意地使用产品某特定功能: – 用户观察(性能评价、系统特征等); – 产品投诉; – 产品召回信息等	ISO/TR 16982—2002
维护性	维修说明书、警告说明书中须包含以下内容: – 可追溯性管理信息;– 技术状态管理信息; – 管理者代表信息; – 维修保障服务信息; – 改进大纲; – 修改控制	GB/T19004—2020 GB/T 9414.1—2012
特殊要求	针对每一种特殊材质、外观和使用功能,及地域、国际贸易的特殊要求	国际、地域贸易限制或要求

（二）单个材料的风险预评估

首先,针对厂商申报的创新产品的核心材料,通过匹配数智化质量基础设施的材料质检数据库,自动识别单个材料的质量和安全风险(如可靠性、可用性、维护性及安全性)。其次,结合厂商申报的操作环境和用户具体操作行为,识别单个材料风险的有效性,以及在特定操作环境和行为下发生物理化学反应的有效性。再次,针对有效的材料风险,识别其造成的用户健康与安全影响(即影响分析,见表 5-3)。最后,通过分析事故出现的频率(或概率)和后果严重度,开展创新产品的风险等级预判(见图 5-3)。

表 5-3 常见的产品安全性风险识别

伤害类型		风险	伤害类型	风险	伤害类型		风险
物理性伤害	机械性	擦伤	化学性伤害	烟雾	生物性伤害	传染源	昆虫
		砸伤		蒸汽			细菌
		卷伤		气体			菌菇类
		压伤		烟熏			病毒
		夹伤		烟尘			寄生虫
		撞伤		液体		途径	针头感染
	生理性	窒息		黏液			空气感染
		通风		火灾			唾液感染
		照明		爆炸			食物感染
		噪声		人员中毒			皮肤感染
	能量性	坠落	人体工学性伤害	慢性疾病	—		—
		跌伤		皮肤腐蚀			—
		X-ray		肺部灼伤			—
		红、紫外线		肌肉拉伤			—
		震荡		姿势不良			—
		温度（烫伤、冻伤）		过度疲劳			—
		压力		精神压力			—
		电击		—			—

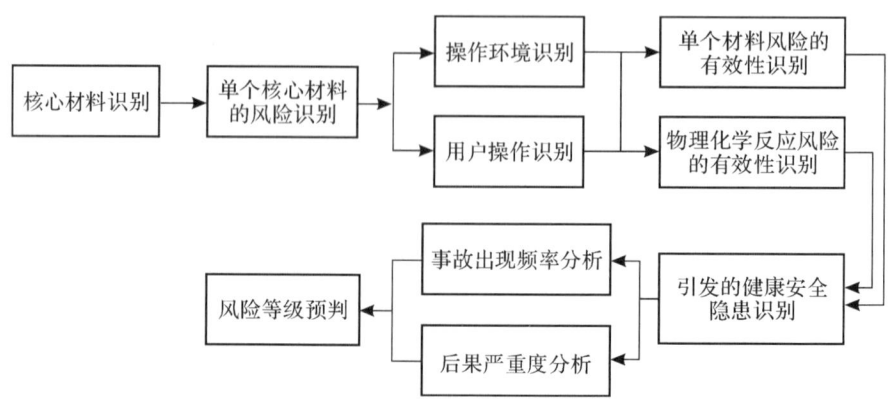

图5-3 单个材料的风险预评估流程

第 5 章　创新产品质量风险的监管技术研究

针对可能造成严重后果的风险点开展实验室验证性实验，例如通过开展有限样本、时间和使用费用情景下的可靠性实验，找出产品在原材料、结构、工艺、环境适应性等方面所存在的问题，以验证、修正预判风险的等级。

（三）复合材料的风险预评估

由于材料复杂的物理化学性质，单个产品在特定使用环境和操作过程中，材料之间产生物理化学反应，进而生成新的材料，也会存在潜在的质量和安全风险。因此，通过企业报备的产品使用环境参数和关键操作，面向材料质检的数智化质量基础设施可通过材料数据库自动检索、匹配，识别出相关的物理化学反应的生成材料，进一步识别生成材料的风险有效性，为行政管理人员研判该创新产品能否通过市场准入要求提供技术支持和依据（见图5-4）。

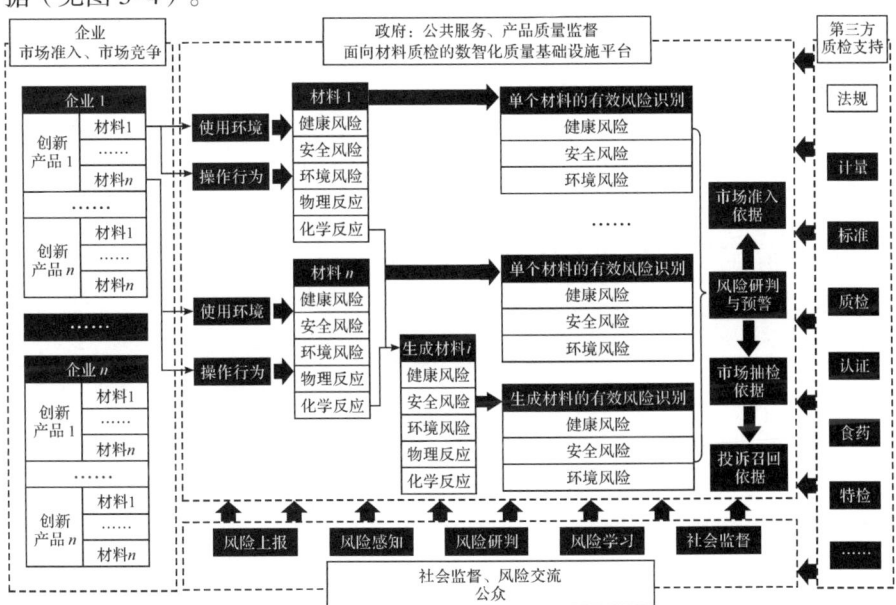

图5-4　复合材料的风险预评估

（四）市场准入的风险研判与交流

风险是导致危险事件发生的可能性与严重性的整合概念，如导致危险事件的发生是大概率事件，还是小概率事件；造成严重伤害，还是微不足道的影响等。此外，风险等级也会根据暴露在危险事件下的总人数或暴露时间变化而变化。风险预评估指风险事件发生之前或之后（但还没有结束），对该事件给人们的生活、生命、财产等各个方面造成的影响和损失的可能性进行量化评估的工作。

图 5-5 描述了通用风险评估流程。基于第二阶段展开的创新产品风险等级的预评估结果，市场监管人员以法律、政策、法规和技术标准，研判该风险的可容忍度，如果在市场可容忍范围，则保持监控，允许市场准入；否则，应向厂商建议采取风险降低措施。待创新产品优化后，重新进行风险预评估，研判市场准入的可行性。

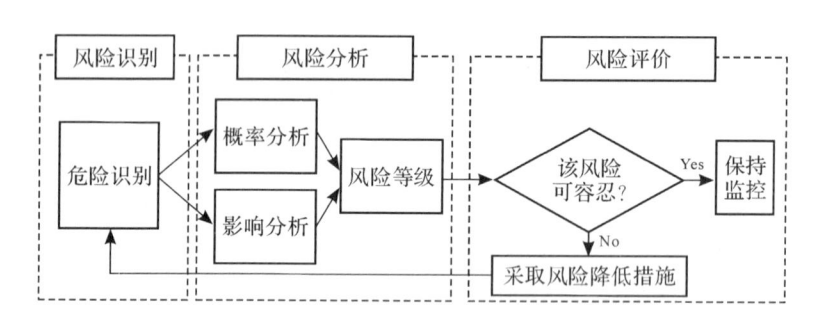

图5-5 风险管理与风险评估的通用流程

二、事中事后监管

政府职能部门应为新经济下市场流通的创新产品的质量鉴定和市场公信力保驾护航。随着"放管服"改革的深入和监管重心的后移，"双随机、一公开"监管模式成为事中、事后监管阶段的重要组成部分。在此基础上，针对市场流通的创新产品，引入动态过程性风险监管机制，进一步促进社会监督。

为了实现上述监管技术的功能，市场监管部门要进一步关注数智化质量基础设施的建设，通过完善动态监测质量风险、线上召回和投诉渠道、质量风险的信息公开，关注个性化精工制造与"服务衍生制造"过程中的质量风险。

其中，面向材料质检的数智化质量基础设施，应支持政府各协同主管部门相关法律、法规、政策的公开共享，并给企业提供自主申报市场流程环节中发现的过程性商品风险、第三方质检机构检验检测结果、产品召回机构提供的材料风险信息、计量和标准研制机构提供的技术标准规范研判标准、认证认可机构提供的创新产品可能的认证认可信息，以及消费者和公众的风险信息交流窗口与技术支持（见图5-6）。

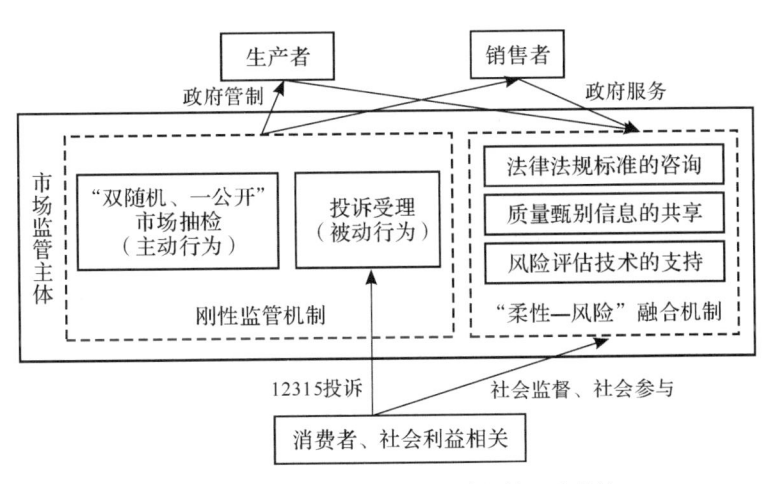

图5-6 面向创新产品的动态过程性风险监管

第五节　监管技术：数据驱动与实时预警

由于检测内容的专业性和产品的多样化，数智化的检验检测服务模式仍处于起步阶段，本书旨在针对创新产品在市场准入、市场流通环节的质量安全风险，通过探究面向材料质检的数智化基础设施建设的实现路径，利用自然语言分析和深度学习技术，构建动态识别关键材料质检风险的指标体系，并提出实现材料质检动态风险预评估的实现方法，为服务型政府在数智化的检验检测服务能效方面提供理论和实践经验。

（一）构建材料质检的指标体系

材料质检指标体系用于生成面向材料质检的质量基础设施的元数据库，企业申报产品材料的 CAS 编号等信息后，材料信息经元数据库能够快速识别单个材料的安全、健康和环境风险。

本书通过对 OECD（Organization for Economic Cooperation and Development，世界经济合作与发展组织）、ECHA（European Chemicals Agency，欧洲化学品管理局）、FDA（United States Food and Drug Administration，美国食品药品监督管理局）、EPA（United States Environmental Protection Agency，美国国家环境保护局）、化源网和爱化学网公开的材料信息进行检索，随机抽取了 180 个材料样本的网页信息的标签提取，获得总标签数 83 个。经对比、去重、重新命名为统一标签后，析出一个由 4 个一级指标和 13 个二级标签构成的面向材料质检的指标体系，用于身份识别、质量检测、安全检测和认证认可公开的数智化分析与共享（见图 5-7）。

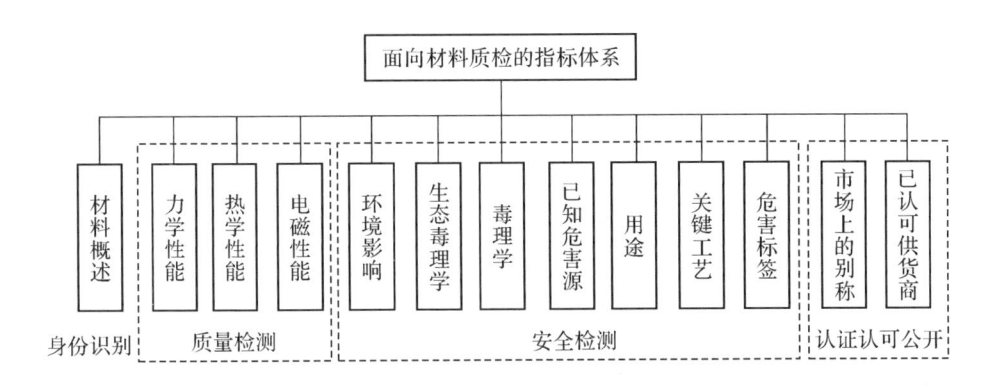

第 5 章 创新产品质量风险的监管技术研究

图5-7 面向材料质检指标体系的生成结果

1. 身份识别指标

身份识别指标旨在识别材料的身份识别、检索、分类功能。基于标签文本信息的提取、去重与比对，只析出 1 个二级指标，即材料概述指标。材料概述指标包含了材料名称、中文全称、英文全称、分子式、CAS 登录号、EINECS 登录号、构成成分、基本信息（密度、分子量、沸点、熔点、闪点等）、典型特征 9 个标签。其中，CAS 登录号是某种物质（包括化合物、高分子材料、生物序列、混合物或合金）的唯一数字识别号码，普遍用于全球化学数据库的物质信息检索。EINECS 登录号，也称 EC 编号，是欧洲盟对化学品的登录编号，可满足外贸企业的服务需求。

2. 质量检测指标

质量检测指标旨在识别产品材料的质量信息是否达到了相关标准和要求。本书共计析出 3 个二级指标，分别为力学性能、热学性能、电磁性能。力学性能包括相对密度、吸水率、耐油性、强度、韧性、冲击强度、耐磨性、耐蠕变性、弯曲强度、压缩强度 10 个标签。热学性能包括受温度影响程度、适用温度、热变形温度、塑料成型温度、树脂分解温度、熔融温度、氧指数、易燃性、燃烧状态 9 个标签。电磁性能析出绝缘性标签 1 个。

3. 安全检测指标

安全检测指标旨在结合企业申报的产品使用环境信息（例如室内外环境、温度、湿度等）和用户操作信息，识别产品核心材料的有效环境、安全和健康风险。本次研究共计析出 7 个二级指标，分别为环境影响、生态毒理学、毒理学、已知危害源、用途、关键工艺和危害标签。其中，环境影响包含了水土污染、噪声污染、大气污染、生态环境和固废污染 5 个方面以及生态毒理学的描述性分析。健康风险主要涉及毒理学的描述性分析，包括急性中毒、腐蚀性研究、累积剂量毒性研究、遗传毒理学研究结果 4 个标签。安全风险主要包括了已知危害源（个人、专业人员、工厂环境等）和危害标签。危害标签主要析出了欧盟的物质风险类别和《全球化学品统一分类和标签制度》（GHS）。其中，GHS 是由联合国制定，旨在指导各国控制化学品危害和保护人类和环境的统一分类制度。GHS 包括健康、物理和环境三大危害。物理危害细分为 16 小项，爆炸物、发火液体、易燃气体、发火固体等；健康危害又细分为 10 小项，急性毒性、生殖毒性、皮肤腐蚀/刺激、致癌性等；环境危害细分为 2 小项，危害水生环境和危害臭氧层。

4. 认证认可公开指标

认证认可公开指标旨在支撑认证认可机构，面向社会公众提供有效的已认可供货商和已认可的该类产品供货商信息。一方面用于认证认可的官方信息公开共享；另一方面促进针对供应商的社会监督和科学的市场竞争指导。

第5章 创新产品质量风险的监管技术研究

（二）数智化自动风险识别

基于深度学习算法，对180个材料样本的单个材料环境风险、安全风险、健康风险、相关物理化学反应的生成物进行识别与分类，形成面向材料的自动识别质量安全风险的数智化数据库。通过自然语义分析，自动匹配企业申报的产品关键材料。首先，实现单个关键材料的环境、安全和健康风险识别。其次，识别产品使用环境和关键操作，识别风险有效性。最后，考虑到单个材料或多个材料在不同操作环境下可能产生的物理化学反应，新的反应物将被系统识别，并再次检索单个反应物，识别特殊操作环境下的反应物质量与安全风险（见图5-8）。

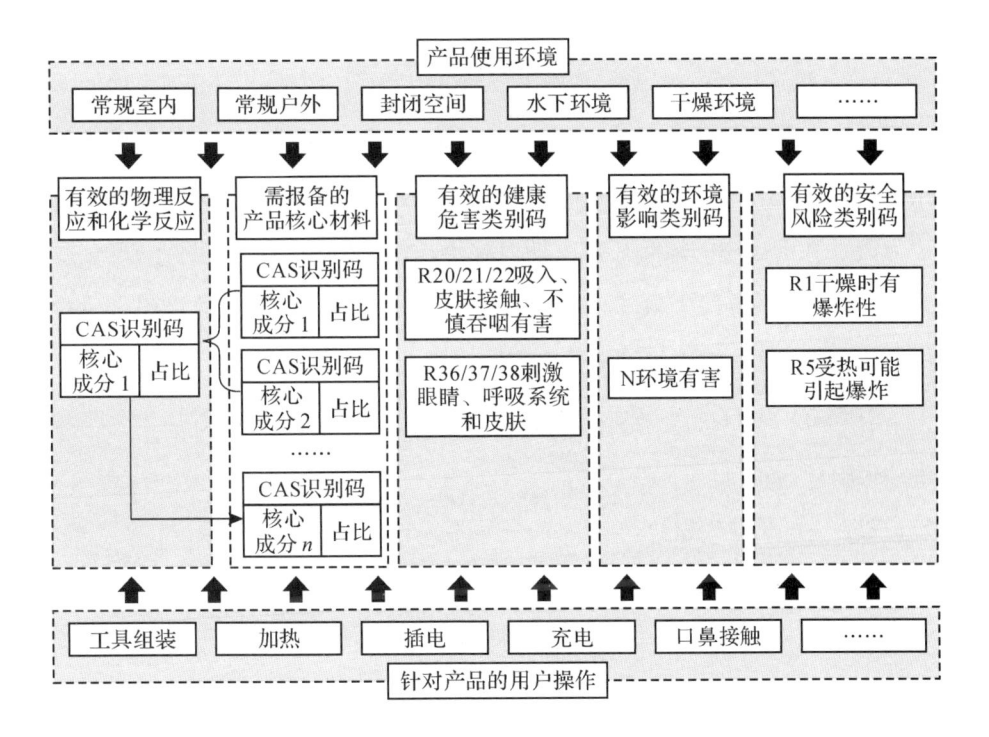

图5-8 基于深度学习的面向材料质检的数智化系统构建

（三）产品风险预评估与风险决策

一个潜在的危险事件，该事件发生的风险需要确定两个主要因素，概率和影响。因此，该事件的风险等级 R 被表示为伤害事件发生的概率 P 与事件发生后导致的后果严重性 C 的乘积（见图5-9）。

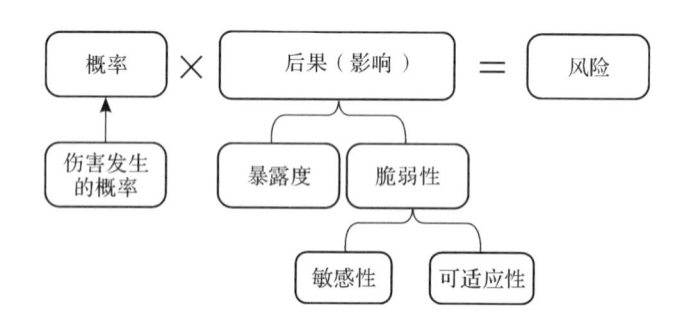

图5-9 风险等级的计算方法

常用的风险分析方法有 FMEA、HAZOP、决策树、故障树等。风险等级评定作为风险评估的结果可辅助决策，实现风险预警。本书以 FMECA 方法为例，基于通用的风险公式，即风险事件的发生概率 P 和事件的严重度 S 的乘积，对系统级失效的可探测度 D 进行了定义与区分，通过引入风险优先数（RPN），实现风险事件危害性测量。其公式为：

$$RPN = S \times O \times D$$

式中：

RPN——风险优先数。

S——严重度，表示一种失效对系统或用户的影响严重程度。

O——发生度，预先确定或规定时间段内的失效发生频度。

D——可探测度，即在系统或用户受影响前识别和消除失效的估计概率。D 值通常与严重度和发生概率成反比，D 值越高，可探测度越小。

第 5 章 创新产品质量风险的监管技术研究

不同类型的 FMECA 对 S、O 和 D 定义了不同取值范围，本书采用了通用工业设计和生产过程分析的 FMECA，即 DFMEA（基于功能的 FMEA 分析）和 PFMEA（基于操作流程的 FMEA 分析），取值范围为 1—10。

为了恰当地评价失效模式影响或危害性，应确定每种失效模式的发生频率或概率（见表 5-4）。当 O 值小于 0.2 时，可用定量 FMEA 方法中的危害度 C 替代（见 5.3.4，GB/T 7826-2012）。

表 5-4 失效模式的发生度

发生度	等级	发生概率	发生频率的描述
极高：失效几乎不可避免	10	$P_i \geq 1 \times 10^{-1}$	经常发生（或发生在日常操作中）
	9	$2 \times 10^{-2} \leq P_i < 5 \times 10^{-2}$	
高：反复失效	8	$1 \times 10^{-2} \leq P_i < 2 \times 10^{-2}$	很有可能发生（或维修过程中发生）
	7	$5 \times 10^{-3} \leq P_i < 1 \times 10^{-2}$	
中等：偶尔失效	6	$2 \times 10^{-3} \leq P_i < 5 \times 10^{-3}$	偶尔发生（故障、失误情况下发生）
	5	$1 \times 10^{-3} \leq P_i < 2 \times 10^{-3}$	
低：很少失效	4	$5 \times 10^{-4} \leq P_i < 1 \times 10^{-3}$	发生的可能性很小（灾难下发生，如地震）
	3	$1 \times 10^{-4} \leq P_i < 5 \times 10^{-4}$	
极低：几乎不可能失效	2	$1 \times 10^{-5} < P_i \leq 1 \times 10^{-4}$	几乎不可能发生
	1	$P_i \leq 1 \times 10^{-5}$	

根据 SAE J1793 和 GB/T 7826—2012（见 5.3.6.1），表 5-5 给出了一个主要应用于工业生产中零部件产品质量的严重度等级分类：

表 5-5　失效模式的严重度

等级	严重度	评定标准
10	无警告的危险	很高的严重程度，无预警的潜在失效模式影响到安全操作或（和）不符合政府有关法规
9	有警告的危险	很高的严重程度，有预警的潜在失效模式影响到安全操作或（和）不符合政府有关法规
8	很高	产品不可工作（主要功能丧失）
7	高	产品可工作，但性能水平下降，用户很不满意
6	中等	产品部件可工作，但舒适性/方便性等丧失，用户不满意
5	低	产品可工作，但舒适性/方便性等有所下降，用户稍微有点不满意
4	很低	配合性和外观等项目不合规，超过75%的用户会感觉到有缺陷
3	轻微	配合性和外观等项目不合规，50%的用户会感觉到有缺陷
2	很轻微	配合性和外观等项目不合规，有识别能力的用户（少于25%）会察觉到有缺陷
1	无	无可识别的影响

此外，表 5-6 给出了针对失效模式最终影响的严重度分级：

表 5-6 针对失效模式最终影响的严重度分级

等级	严重度	失效模式对人员或环境的影响	职业健康与安全影响
IV	灾难性的	可能导致系统基本功能丧失，致使系统和环境被严重毁坏或造成人身伤害	该伤害有可能长期致残，造成永久性影响，甚至死亡，需要立刻前往医院救治
III	严重的	可能导致系统基本功能丧失，致使系统和环境有相当大的损坏，但不严重威胁生命安全	该伤害有可能短期致残，需要立即给予医疗服务
II	临界的	可能使系统的性能、功能退化，但对系统没有重大损伤，对人身没有明显威胁和伤害	该伤害导致轻微的受伤，只需要一次性的医护治疗，人员很快康复
I	轻微的	可能使系统功能稍有退化，但系统不会有损伤，不构成人身威胁和伤害	该事件不造成职业健康与安全方面的伤害

根据 GB/T 7826—2012，表 5-7 给出了 FMECA 分析过程中的失效模式可探测度等级分类。

表 5-7 失效模式的可探测度

等级	可探测度	评定标准
10	绝对不可能探测到	设计控制不会和/或不能探测到潜在失效原因/机理和引发的失效模式，或没有设计控制
9	很极小	有很极小可能性探测到潜在失效原因/机理和引发的失效模式
8	极小	有极小的可能性探测到潜在失效原因/机理和引发的失效模式
7	很低	有很低的可能性探测到潜在失效原因/机理和引发的失效模式
6	低	有低的可能性探测到潜在失效原因/机理和引发的失效模式

续表

等级	可探测度	评定标准
5	中等	有中等的可能性探测到潜在失效原因/机理和引发的失效模式
4	较高	有较高的可能性探测到潜在失效原因/机理和引发的失效模式
3	高	有高的可能性探测到潜在失效原因/机理和引发的失效模式
2	很高	有很高的可能性探测到潜在失效原因/机理和引发的失效模式
1	几乎确定	几乎确定可探测到潜在失效原因/机理和引发的失效模式

本书 RPN 最大的取值是 1000。关于 RPN 改进的标准，与行业有关，与企业的目标及成本效益计划有关。实际运用过程中，这一标准在 60—150 之间不等，如摩托罗拉定的是 60 分，北京现代定的是 80 分，大部分制造企业定的是 100 分。

另外，还有排序控制，即把 RPN 排在最前面的 5 个或 10 个因素作为改进对象，或按照 80/20 法则把排在前 20% 的因素作为改进对象。有的还设有单项判断指标，如 S 大于 7，则即使 RPN 不高也必须改进。依据 IEC 61062，确定该检测产品被识别出的风险等级，并实施与风险管控相关的操作（见表 5-8）。

表 5-8 风险等级评定示例

RPN 值（R）	风险等级	描述	风险管控
R >100	严重	该事件频发且高发，或导致的影响严重性等级很高	必须实施风险减缓措施，使该风险降低到可接受范围内，才可进一步使用该产品
60 ≤ R < 100	中等	该事件频发且导致的影响严重性等级在中级及以上	需要定期（间隔不能太久，如每周、每月等）实施风险减缓措施，使该风险降低到可接受范围
1 < R < 60	一般	该事件偶发且导致的影响严重性等级在中级以下	需要定期（允许有一段时间间隔，如一季度、一年等）实施风险减缓措施，使该风险降低到可接受范围
R ≤ 1	可忽视的风险	该事件偶发且导致的影响严重性等级在轻级及以下	需要保持住操作环境和流程，以避免增加潜在的风险

（四）构建面向材料质检的数智化基础设施系统

依据本书的理论框架和实验结果，我们研发了"面向材料的质量基础设施数智化平台——实验版"。该系统是以云平台为载体的在线实时数据分析平台，包含了面向公众（或消费者）的产品风险交流与预警子模块（见图 5-10）、面向企业用户的新产品市场准入申报子模块、面向第三方的材料风险预评估子模块，以及面向市场监管人员的新产品准入风险预评估子模块（见图 5-11）。

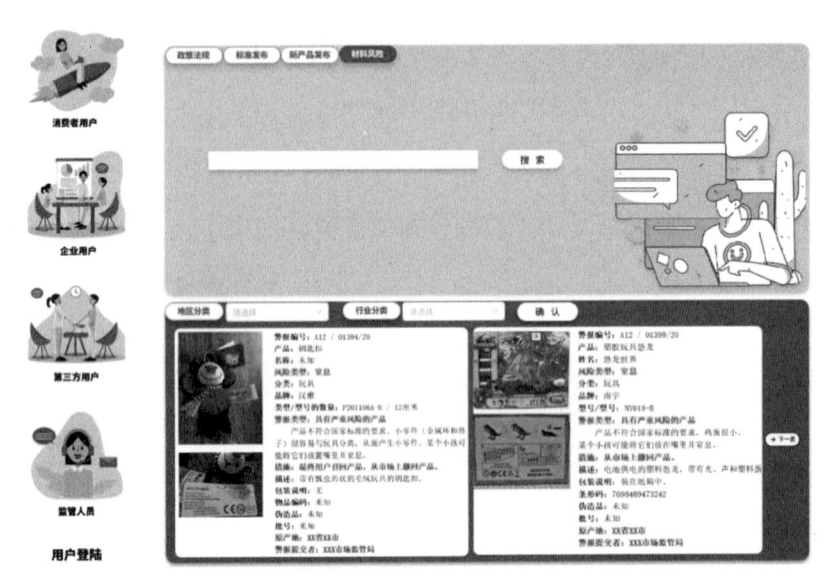

图5-10　面向公众的产品风险交流与预警界面

图5-11　面向材料质检的新产品市场准入申报与风险预评估界面

第六节　监管绩效：针对监管有效性的对比分析

一、事前监管机制的对比分析

（一）传统事前监管的结果

市场调研发现，在事前准入阶段，由于缺乏创新产品的限制性法律、法规和针对产品的技术标准，3D打印笔在没有相关技术标准规范的约束下直接进入了市场，并在市场广泛流通。例如有些3D打印笔产品，还没有开展关于产品质量安全的风险识别工作，就已经在市场广泛流通，最佳产品的月销售量可达到25000件。

（二）应用数智化监管的结果

应用面向材料质量安全风险的数智化平台，结合创新产品的核心材料申报信息，经单个材料质量风险的系统识别，结果显示ABS材料为有害材料（见图5-12），其危险品标志为R20/21/22，即具有吸入性风险、皮肤接触性风险和不慎吞咽性风险。此外，ABS还适用危险品标志R36/37/38，即刺激眼睛、呼吸系统和皮肤。因此，使用ABS材料的产品，用户需要注意穿戴合适的防护服（安全性描述S36）。依据有效风险类型造成的用户健康和安全的严重性研判，风险等级为中高风险（见表5-9）。

表5-9　系统自动识别单个材料质量风险的分析结果

风险识别	风险有效性分析	风险预评估	风险降低
吸入性风险	热熔操作时有效	高风险	注意穿戴合适的防护服
皮肤接触性风险	热熔操作时有效	中风险	
不慎吞咽性风险	常规操作时有效	高风险	
刺激眼睛、呼吸系统和皮肤	热熔操作时有效	中风险	

ABS

上次更新时间	2022/10/20		
材料名称	ABS	主要成分	
中文全称	丙烯腈-丁二烯-苯乙烯共聚物	丙烯腈	15%~35%
英文全称	Acrylonitrile Butadiene Styrene	丁二烯	5%~30%
分子式	(C8H8.C4H6.C3H3N)x	苯乙烯	40%~60%
CAS登录号	9003-56-9	乳液法	A:B:S=22:17:61
EINECS登录号	618-371-8		
典型特征	高硬度、高强度、抗冲击性、耐热性、耐腐蚀性、耐低温		

安全信息 / 基本信息

安全性描述	S36；穿戴合适的防护服装。	密度	1.05g/mL at 25℃
危险品标志	Xn：有害物质	分子量	211.302
危险类别码	R20/21/22：吸入、皮肤接触和不慎吞咽有害。	沸点	145.2℃ at 760 mmHg
	R36/37/38：刺激眼睛、呼吸系统和皮肤；	熔点	58.54 (±0.5)℃
GHS风险描述		闪点	N/A

力学性能 / 热学性能

相对密度	1.05	受温度影响	较大。耐热性较差
吸水率	低。室温浸水一年吸水率不超过1%	适用温度	可适用于极低温环境，-40~100℃。
耐油性	好。可用于中等载荷和转速的轴承	热变形温度	93~118℃
强度	高	塑料成型温度	180~250℃
韧性	好	树脂分解温度	240℃及以上
冲击强度	极好	熔融温度	217~237℃
耐磨性	良好	氧指数	18~20
耐蠕变性	比PSF及PC大，但比PA及POM小	易燃性	易燃聚合物
弯曲强度	属塑料中较差的类型。	燃烧	火焰呈现黄色，有黑烟，有特殊味道。
压缩强度	属塑料中较差的类型。		

电磁性能 / 环境影响

绝缘性	较好，几乎不受温度、湿度和频率影响	溶于水	否
		溶于酮类	是
		溶于醛类	是
		溶于氯代烃	是
		与无机盐反应	否
		与碱醇类反应	否
		与烃类溶剂反应	否
		与冰乙酸反应	是
		与植物油反应	是

用途

项目	内容	参考指标	列2	列3
用途1	热塑性塑料，木材代用品和建筑材料			
用途2	易于表面印刷、涂层和镀层处理			
应用领域大类	制造工业及化工			
应用领域子类	机械、电气、纺织、汽车、飞机、轮船			
注射工艺制品	壳体、箱体、零部件、玩具			

图5-12　系统自动识别单个材料的质量安全风险

二、事中事后监管机制的对比分析

（一）传统事中事后监管的结果

事中事后监管阶段，通过"双随机、一公开"市场抽检机制，经实地调研，市场常见品牌普遍使用 PCL 和 PLA 作为打印材料，平均月销量超过 200 件/月的品牌共有 63 个，最畅销的品牌销量达到了 25000 件/月。本书按照 3D 打印笔的市场月销售量进行排序，甄选出 41 个样本进行采购和质量安全风险评估（见表 5-11）。

其中，依据 41 个样本的风险评估，样本出现频率最高的安全风险是导致潜在的化学性伤害，如材料使用过程中气体挥发产生烟雾、错误使用导致火灾和皮肤腐蚀、颗粒吸入导致慢性疾病、产品设计产生的坐姿不良，以及材料热熔产生的甲醛、乙醛气体，出现频率均为 90% 以上。考虑到几类风险严重度和可探测度，风险等级均为高风险，建议严格从法律、法规和技术标准层面进行规范和约束。

样本中出现频率最高的质量风险为缺失产品故障率信息、缺失备件故障率信息，以及缺失关键备件材料，出现频率均为 90% 以上。考虑到风险的严重度和可探测度，风险等级均为高风险，建议严格从法律、法规和技术标准层面进行规范和约束。

此外，有些样本出现频率在 4.88%—34.1% 之间，虽然出现频率不高，但是结合事件发生后产生的严重性影响，其风险等级均为高风险。其中，质量风险事件为无产品追溯性管理信息（34.1%）、无售后点信息（12.2%）、无维修保障服务信息（9.76%），以及无安全警告说明书（4.88%）。安全风险事件为使用过程中，因材料热熔引发的烫伤风险（17.1%）、触电风险（17.1%）和窒息风险（7.32%）。

表 5-11 针对有效失效模式的风险评估结果（抽检）

风险识别		风险分析					风险评价		风险管控及市场监管建议
有效的失效模式		可能性		严重性		预防性措施	风险值	风险等级	
		样本出现频率	发生度 O	影响分析	严重度 S				
有效的质量风险	可靠性	无产品质检合格证	4.88×10^{-2}	9	很轻微	2	合规性认证	54	一般	产品预警
		无产品故障率信息	9.51×10^{-1}	10	很轻微	2	无	200	严重	法律、法规及标准的约束与规范
		无备件故障率	9.51×10^{-1}	10	很轻微	2	无	200	严重	法律、法规及标准的约束与规范
		无操作说明书	7.32×10^{-2}	9	很轻微	2	合规性认证	54	一般	产品预警
	可用性	产品投诉率高	6.34×10^{-1}	10	用户不满	7	12315	70	中等	约谈相关厂家，提出整改要求
		负面的产品性能评价	5.85×10^{-1}	10	用户不满	7	12315、舆情	70	中等	约谈相关厂家，提出整改要求

续表

风险识别		风险分析						风险评价		风险管控及市场监管建议
	可能性		严重性		预防性					
有效的失效模式	样本出现频率	发生度 O	影响分析	严重度 S	措施	可探测度 D	风险值	风险等级	
无维修说明书	7.32×10^{-2}	9	很轻微	2	合规性认证	3	54	一般	产品预警
无安全警告说明书	4.88×10^{-2}	9	无警告危险	10	合规性认证	3	270	严重	法律、法规及标准的约束与规范
无可追溯性管理信息	3.41×10^{-1}	10	与规定不符	9	合规性认证	3	270	严重	法律、法规及标准的约束与规范
无维修保障服务信息	9.76×10^{-2}	9	用户不满	7	合规性认证	3	189	严重	法律、法规及标准的约束与规范
无售后点信息	1.22×10^{-1}	10	用户不满	7	合规性认证	3	210	严重	法律、法规及标准的约束与规范
无更新支持	6.59×10^{-1}	10	用户不满	7	无	10	700	严重	法律、法规及标准的约束与规范
缺失关键备件材料	9.02×10^{-1}	10	75%的用户不适	4	合规性认证	3	120	严重	法律、法规及标准的约束与规范

续表

风险识别		风险分析						风险评价		风险管控及市场监管建议
		可能性		严重性		预防性措施	可探测度 D	风险值	风险等级	
有效的失效模式		样本出现频率	发生度 O	影响分析	严重度 S					
物理性伤害	窒息	7.32×10^{-2}	9	致命	10	安全警告说明书	8	720	严重	法律、法规及标准的约束与规范
	温度（烫伤）	1.71×10^{-1}	10	轻伤	4	安全警告说明书	8	320	严重	法律、法规及标准的约束与规范
	电击（触电）	1.71×10^{-1}	10	致命	10	安全警告说明书	8	800	严重	法律、法规及标准的约束与规范
有效的安全风险	烟雾	1.00	10	慢性影响	4	无	10	400	严重	法律、法规及标准的约束与规范
	气体（甲醛）	9.02×10^{-1}	9	慢性影响	4	无	10	360	严重	法律、法规及标准的约束与规范
	火灾	1.00	10	致命	10	安全警告说明书	8	800	严重	法律、法规及标准的约束与规范
化学性伤害	慢性疾病	1.00	10	慢性影响	4	无	10	400	严重	法律、法规及标准的约束与规范
	皮肤腐蚀	1.00	10	轻伤	4	安全警告说明书	8	320	严重	法律、法规及标准的约束与规范
人体工学性伤害	姿势不良	1.00	10	慢性影响	4	无	10	400	严重	法律、法规及标准的约束与规范

第6章

数字服务质量风险的监管技术研究

第一节　数字服务的案例介绍

一、现代远程教育的极速发展

现代远程教育是基于信息技术的新型教育形式，它综合面授、函授和自学等教学形式，以多种媒体为媒介承载课程内容，有效整合了各种教育资源优势，为多样化的学习对象提供方便、快捷、突破空间限制的教育服务。笔者通过天眼查搜索关键词"在线教育"，企业状态选择"在业"，截至2020年底，一共查到2967家公司的简称、企业名称、商标信息、经营范围、网站名称、股东信息。其中，企业类型的远程教育服务机构占53%（见图6-1）。

从成立时间来看，约51%（753家）的远程教育服务机构在1—5年内成立，约23%（336家）的远程教育服务机构在5—10年内成立（见图6-2），而近一年内成立的远程教育服务机构占可查到的市场规模的 20%。由此可看出，由于市场需求的增长，远程教育服务机构在 2010—2020 年经历了急速的发展，尤其是 2015—2020 年，新注册的远程教育服务机构占总机构数的 71%。按地域注册量统计，山东、陕西、江苏、广东、贵州、北京、四川的注册量最多，均在 100 家以上（见图 6-3）。

图 6-1 描述了按照机构类型分类的远程教育机构现况。

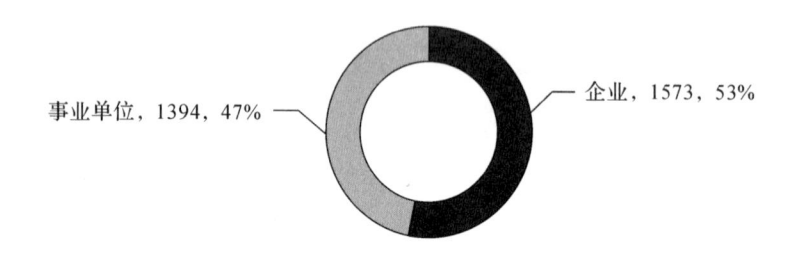

图6-1　按机构类型分类

图 6-2 描述了按照成立时间分类的远程教育机构现况。

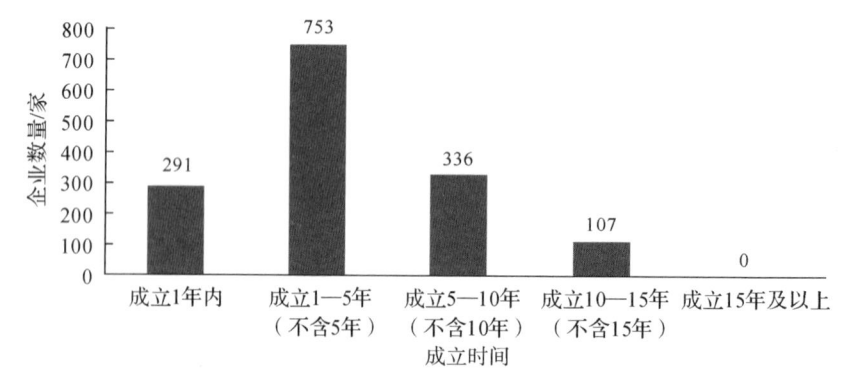

图6-2　按远程教育企业成立时间分类

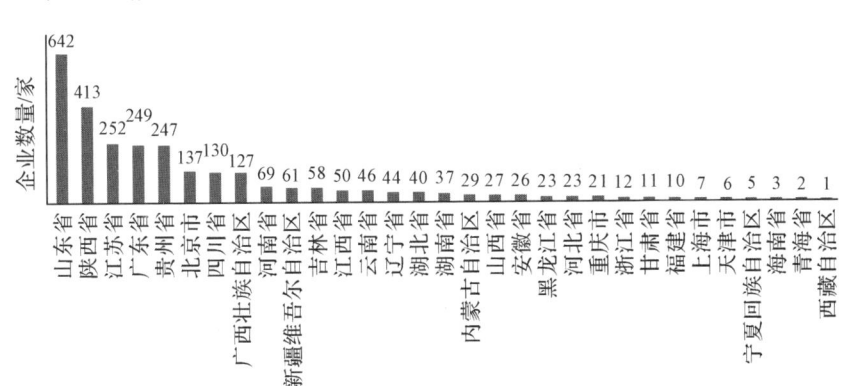

图 6-3 描述了按照省份分类的远程教育机构现况。

图6-3 按远程教育企业注册所在省份分类

图 6-4 描述了按照注册资本分类的远程教育机构现况。

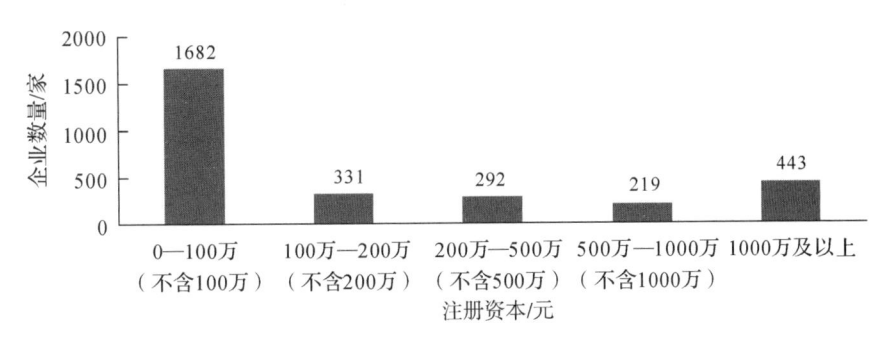

图6-4 按远程教育企业注册资本分类

二、远程教育服务的商业模式

远程教育是整合多媒体技术和各种教育资源的一种超越时空限制的教育活动形式。与传统学校教育相比，远程教育的特点展现在其开放性、延伸性、灵活性、媒体中介性、管理性几个方面。

开放性是远程教育的基本特征。传统学校教育是封闭性的，其表现是教育资源被封闭在校园内，接受教育的人数始终是有限的。远程教育则是面向社会大众的，对学习者来说，获得教育的门槛被降低，接受教育的机会大幅度增加，教育信息资源得以共享，为一切有意愿的人提供受教育的机会。

延伸性是远程教育的第一个功能特征。不同于远程教育服务，传统学校教育是一种教育资源与功能收缩和集中应用的教育形式，旨在把学习者从四面八方汇集在特定的校园中，在学校管理制度下，由教育者对其实施教育活动。远程教育是一种教育资源和教育功能向外扩散的教育形式，旨在把教育信息传送给四面八方的学习者，借助各种媒体技术把教育信息向外传输，将教育功能向整个社会延伸，其延伸性符合终身学习的理念。

灵活性是远程教育的第二个功能特征。远程教育在课程设置、教学形式、学籍管理、教育管理等方面要比传统学校教育更灵活多样，更能满足多样化的学习者需求。

媒体中介性是远程教育的第三个功能特征。与常规的学校教育相比，远程教育通过整合多媒体等新技术和各种教育信息资源，突破时空限制。所以，远程教育的各个环节，如注册报到、教学活动、作业的布置与提交、评价和信息的交流与反馈等，都离不开有关媒体的中介作用。尽管传统学校教育也需要多媒体技术，但其对媒体工具和通信技术的依赖性没有远程教育高。

管理性是远程教育的第四个功能特征。尽管远程教育是具有开放性、延伸性和灵活性的教育形式，但这不意味着随意性和盲目性，它依然是在管理制度下，有目标、有管理、有评价、有反馈、有调控的教育活动。那种大众传播的媒体信息接受方式——随意点击网页、随意调换电视频道等行为不是远程教育，而是广义的个人"学习"。

根据市场调研情况，当下按照商业模式分类，远程教育服务企业的运营模式当前主要有 B2C 模式、C2C 模式、B2B 模式、B2B2C 模式和 O2O 模式（见表 6-1）。B2C 模式是指企业直接向个人提供教育培训服务，特点是网校平台担任教育自营主体的角色，一般在相对垂直的教育领域提供课程产品，如语言培训、职业培训、技能培训等。C2C 模式指个人之间的电子商务平台交流，通过第三方搭建的网络平台，老师和学生通过网络通信平台直接进行授课与学习。B2B 模式指商业对商业，主要指的是企业与企业之间的在线内训、信息服务，以及技术服务等。B2B2C 模式指第三方平台通过和线下教育机构合作，让老师或机构入驻到平台给学习者提供课程资源的形式。O2O 模式指线上线下同时发展，即原本的线下培训机构开展在线教育业务，或者原本做线上教育的企业开展线下业务。当前远程教育服务企业的服务对象主要涉及学前教育、K12 教育、高等教育、职业教育与成人教育（见表 6-2）。

表 6-1 远程教育服务企业的主要运营模式对比

模式分类	优点	缺点
B2C 模式	机构可以更标准更专业，同时 2C 可以直接把握消费者心智	线下教室直接生搬硬套到线上，用户体验较差
C2C 模式	通过互联网招收学生，老师的收入基本都会超过传统线下教育机构的老师	教师质量参差不齐，教学质量无法保证
B2B 模式	主要是为教育机构提供网校、直播、排课、营销、CRM 等工具服务	企业自身不提供远程教育服务，但通过合作方式扩展业务
B2B2C 模式	聚合多领域课程、用户范围广、为教育和知识分享者提供发展路径	师生两端用户的直接使用体验和平台服务难以保证
O2O 模式	运营模式成熟，课程专业，具有专业的教学方法，管理统一	—

表 6-2　远程教育服务企业的服务内容与服务对象

服务阶段	服务对象
学前教育	主要针对学前儿童的早教培训机构，最常见的为英语早教类
K12 教育	针对幼儿园至高中阶段的教育的统称，包括学科教育和素质教育、艺术教育等，是在线教育中极其重要的一个阶段
高等教育	这里包括考研、四六级以及其他学历教育考试类教育培训服务
职业教育	主要指服务职前、职业晋升等需求的教育服务
成人教育	主要指对具体技能感兴趣，主动寻求技能提升的教育服务

三、监管问题

在快速发展的同时，我国远程教育服务亦暴露出诸多问题，依据市场投诉与消费者评论信息可发现，"服务信息不对称""教学人员无资质""课件粗制滥造""学习平台常崩溃""支持服务跟不上""学员信息遭泄露"等乱象层出不穷，消费者"雾里看花""掉入陷阱"、合法权益受到侵害的事件屡见不鲜，距离国际先进水平和广大消费者个性化、多样化、高质量服务需求还有很大差距，不平衡、不充分矛盾还很突出。

（一）现有远程教育服务质量动态监测缺乏科学可靠的方法学指导

远程教育服务领域的服务质量监测缺乏系统可靠的方法学指导，已有的服务质量评估模型是否适用于远程教育领域并没有相关理论的研究支撑。此外，我国远程教育服务质量监测陷入瓶颈，缺乏科学有效的方法学支撑。我国远程教育服务质量参差不齐，缺乏科学论证的基于市场行为的远程教育服务质量指标体系与评价方法。

（二）我国基于市场行为的远程教育服务质量的监管机制较为被动

对于监管领域来说，信息公开政策需要进一步完善。国内远程教育服务机构众多，信息冗杂。由于信息公开方面的欠缺，消费者对于层出不穷的远程教育机构的抉择缺乏足够可靠信息支撑，导致消费者被迷惑、消费者决策困难等现象的出现。远程教育领域的监管更多依靠消费者在12315平台的举报，这是一种较为被动的监管模式，相关监管部门获取远程教育相关企业的信息较为困难。

第二节　监管主体：政府横向事权的分工与协同

服务业涉及多部门的协同监管，例如金融服务业、文旅服务、物流、教育等行业。市场监管是一个科学有机系统，包含了政策体系和监管机制的顶层设计、监测技术与方法的科学应用、结果反馈后的可持续改进。服务质量的动态监测是实现市场质量甄别的重要方法和途径，能够保障市场监管工作的顺利开展。

我国对远程教育采取多个主管部门协同监管模式，由新闻、出版、教育、卫生、药品监督管理、工商行政管理和公安、国家安全等有关主管部门，在各自职责范围内依法对远程教育和其涉及的互联网信息内容实施监督管理。监管的主要手段是通过受理消费者投诉被动监管。

2018年11月20日教育部办公厅、国家市场监督管理总局办公厅、应急管理部办公厅《关于健全校外培训机构专项治理整改若干工作机制的通知》第三条指出："构建管理服务平台。面向社会公布校外培训机构的有关政策、白名单、黑名单、学科类培训班等信息，要便于群众在平台上自行查询，选择合规机构。同时，依托平台受理群众投诉，广泛接受社会各界监督。"《关于引导规范教育移动互联网应用有序健康发展的意见》第九条指出，鼓励通过第三方评估，组织对教育移动应用的合法合规、功能性能、安全保障等方面进行检测，对教育移动应用呈现的内容进行检查，为推荐工作提供技术支撑。我国迫切需要创新教育服务业态，建立数字教育资源共建共享机制，完善利益分配机制、知识产权保护制度和新型教育服务监管制度；推进教育治理方式变革，加快形成现代化的教育管理与监测体系，建立完善"互联网+教育"高效监管模式，推进管理精准化和决策科学化。

第三节　监管内容：定制服务的质量安全

一、构建服务质量监测的指标体系[①]

关于服务质量的评价一直是国内外热门的研究领域。但区别于可以直接地被顾客感知的产品质量，无形性的服务，其质量就不易评价。早在20世纪70年代，有学者就着力于服务质量的评价因子研究，并提出安全性(security)、连贯性(consistency)、态度(attitude)等相关评价因子，虽然随着研究的推进，这些因子被进一步扩充，但依旧没有形成完整的评价指标体

---

① Shi H X, Guo S Y, Hou F, et al. Research of service quality in China: a bibliometric analysis. The 11th International Conference on E-business, Management and Economics (ICEME 2020). Association for Computing Machinery, New York, NY, USA, 2020: 211 - 216.

系[1]。1984年，首个较为完善的服务质量评价体系被提出，包含了三个指标：技术质量(technical quality)、功能质量(functional quality)、服务商印象(corporate image)。1985年，出现了一个被广泛接受的理论模型：差异模型(gap model)[2]。随着时间的推移，各种服务质量监测模型被引入，如服务质量属性[3]、SERVQUAL和SERVPERF[4]，后两种模型非常流行，并用于许多其他领域。此外，在特定领域出现了许多特定的模型，例如，Dabholkar等人在1996年开发了主要用于零售业的零售服务质量量表（RSQS）。Philip和Hazlett在1997年开发了用于服务组织的P-C-P模型[5]。Frost和Kumar在2000年研究了INTSERVQUAL，将Gap模型和SERVQUAL模型结合起来衡量航空业服务质量[6]。

2001年，Brady和Cronin提出了包含个人交互质量、物理服务环境质量和结果质量的服务质量模型[7]，研究人员在SERVQUAL或SERVPERF模型的基础上进行深入研究，并将其与其他方法如层次分析法（AHP）、最佳—

---

[1] Rezaei J, Kothadiya O, Tavasszy L, et al. Quality assessment of airline baggage handling systems using SERVQUAL and BWM. Tourism Management, 2018, 66: 85－93.

[2] Parasuraman A, Zeithaml V A, Berry L L. SERVQUAL: a multiple-item scale for measuring consumer perceptions of service quality. Journal of Retailing, 1988, 64(1): 12－40.

[3] Haywood-Farmer J. A conceptual model of service quality. International Journal of Operations & Production Management, 1988, 8(6): 19－29.

[4] Cronin J J, Taylor S A. Measuring service quality: a reexamination and extension. Journal of Marketing, 1992, 56(3): 55－68.

[5] Dabholkar P A, Thorpe D I, Rentz J O. A measure of service quality for retail stores: scale development and validation. Journal of the Academy of Marketing Science, 1996, 24(1): 3.

[6] Frost F A, Kumar M. INTSERVQUAL － an internal adaptation of the GAP model in a large service organisation. Journal of Services Marketing, 2000, 14(5): 358－377.

[7] Brady M K, Cronin J J. Some new thoughts on conceptualizing perceived service quality: a hierarchical approach. Journal of Marketing, 2001, 65: 34－49.

最差法（BWM）、Elimination Et Choix Traduisant la REalite III 法（ELECTRE III）结合起来，并应用在多个领域[①]。一些服务质量监测的模型与定量方法相结合，以提供更为精确的分析，例如决策支持系统（DSS）、多属性决策（MADM）等。综上所述，有大量的方法，包括定性和定量的方法，以及不同的模型来衡量服务质量。

服务质量评价指标的探索较多地基于 SERVQUAL 模型，并且根据应用领域的不同，适当地引进不同的评价维度和指标。21 世纪后，更多的量化方法被应用于服务质量的评价，用以增加服务质量评价的可靠性，但是万变不离其宗，用以服务质量评价的指标维度依旧没有大的改动。但是缺乏一个具有普适性的评价指标体系可以应用于所有的领域，对于不同的领域，服务质量监测应该结合该领域的特点进行指标体系的设计。国内远程教育领域发展迅速，各种服务机构层出不穷，但是快速发展的背后缺乏完善的服务质量评价指标，导致了远程教育服务质量的监管困难、消费者决策困难等一系列现象。完善远程教育服务质量评价指标体系的任务迫在眉睫。

本书比较了不同文献中的服务质量模型的指标体系和影响因子，从中整合归纳出这些服务质量模型提及的共同影响因子（即服务质量要素），并且析出了各个指标体系中的相同指标，如表 6-3 所示。

[①] Rezaei J, Kothadiya O, Tavasszy L, et al. Quality assessment of airline baggage handling systems using SERVQUAL and BWM. Tourism Management, 2018, 66: 85–93.

表6-3　不同指标体系中析出的相同指标

一级指标	指标说明	二级指标	解释	相关文献归纳[①]
组织管理	企业的组织管理情况	企业形象	公司总体印象	Grönroos, 1982; Lehtinen et al, 1982
		企业政策	机构政策可靠，对客户需求负责	Dabholkar et al, 1996
服务资源	服务中可见的物理部分	物理设备	物理设施的外观，设施的便利性	Lehtinen et al, 1982; Dabholkar et al, 1996; Parasuraman et al, 1988
		服务环境	客户可直接感知的服务过程中的环境因素	Haywood-Farmer, 1988; Philip et al, 1997
服务人员	服务过程中的服务提供者	职业度	员工需要具备像专业人士一样行事的能力	Haywood-Farmer, 1988; Parasuraman et al, 1988
		服务人员表现	服务提供者的行为	Haywood-Farmer, 1988; Parasuraman et al, 1988
服务过程	需要被感知的服务过程	质量控制	客户对服务流程的认知	Lehtinen et al, 1982; Grönroos, 1982; Dabholkar et al, 1996; Parasuraman et al, 1988
服务影响	客户接收到的服务结果	结果可靠性	机构可靠、准确地履行承诺服务的能力	Parasuraman et al, 1988; Dabholkar et al, 1996
		对结果的满意度	客户对结果的感知	Grönroos, 1982; Philip et al, 1997

---

① Grönroos C.An applied service marketing theory. European Journal of Marketing,1982 ,16(7):30−41;

　Lehtinen I,Nyrke T,Lang A,et al.Quantitative effects of ethanol infusion on smooth pursuit eye movements in man. Psychopharmacology, 1982,77:74−80;

　Dabholkar P A,Thorpe D I,Rentz J O.A measure of service quality for retail stores: scale development and validation. Journal of the Academy of Marketing Science, 1996,24(1):3;

　Parasuraman A, Zeithaml V A, Berry L L. SERVQUAL: a multiple-item scale for measuring consumer perceptions of service quality.Journal of Retailing,1988, 64(1):12−40;

　Haywood - Farmer J.A conceptual model of service quality. International Journal of Operations & Production Management, MCB UP Ltd, 1988,8(6):19−29;

　Philip G,Hazlett S A.The measurement of service quality: a new P - C - P attributes model. International Journal of Quality & Reliability Management, 1997,14(3):260−286.

远程教育服务质量监测指标体系的构建包括：组织管理、服务资源、服务人员、服务过程和服务影响（见图6-5）。该指标体系为最终实现远程教育的服务质量动态监测提供了科学理论基础。然而，每个服务质量要素依旧缺少可量化评价的标准。因此，我们对各个服务质量要素分别进行了文献研究和法律法规研究，以实现对指标体系的进一步细化。

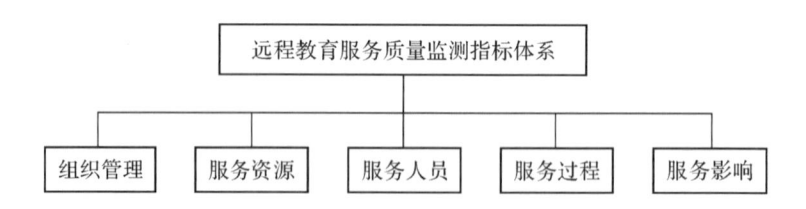

图6-5 远程教育服务质量监测指标体系的构建

二、服务质量要素1：组织管理

1. 理论模型中的服务质量要素识别

组织管理是一个比较广的概念，存在着各种各样的评估模型或方法，它们侧重于员工绩效、项目管理能力、风险管理能力等不同方面。Hillson[1]从风险管理的角度提出了组织评价的成熟度模型，该模型涉及风险管理的文化、过程、经验和应用。Ferine 等[2]在2020年研究了影响教育机构员工工作绩效的因素。推动组织发展需要考虑四个因素：领导力、组织文化、冲

---

[1] Hillson D A. "Towards a risk maturity model". The International Journal of Project & Business Risk Management, 1997, 1(1): 35－45.

[2] Ferine K F, Aditia R, Rahmadana M F, et al. Indri. An empirical study of leadership, organizational culture, conflict, and work ethic in determining work performance in Indonesia's education authority. Heliyon, 2021, 7(7): e07698.

突和工作伦理。综上所述，表 6-4 总结了组织管理方面具有共性的关键质量要素。

表 6-4 组织管理的关键质量要素

质量要素	说明
领导力	领导者影响和促进个人和集体实现目标的能力
管理机制	由服务机构启用的合作和限制性服务交互机制（如服务规范、合作方式等）
组织文化	基于服务组织的使命愿景和发展战略，组织文化是广泛应用于组织的一套规范或价值观
保障力	客户的质量安全保证政策与机制

2. 法律法规和服务标准约束

据相关法律法规和服务标准，组织管理层面的质量约束主要体现在其透明性、规范性、系统性、合规性、及时性、平衡性、包容性几个方面：

（1）透明性：对所有受影响的利益相关方实施信息公开，使所有利益相关方都可以获得有关服务的基本信息，包括：服务项目，服务范围，服务内容，服务时效，价格交易规则，潜在的安全、健康、环境风险等。

（2）规范性：统一、规范地表述服务描述中所使用的符号、标志、数值、数据、量和单位，使利益相关方容易理解、不产生歧义。

（3）系统性：服务管理系统（包括组织运营管理、服务流程管理等）应遵循服务生命周期的科学要素，坚持系统性原则，统筹兼顾，有计划、有步骤地进行管理和提供服务。

提供服务的过程应关注相关服务流程和服务标准的协调性，将服务作为一个整体流程实施，以保证服务的总体效果。

（4）合规性：服务管理系统（包括组织管理、服务流程管理、运营管理等）程序正当，其描述能有效响应服务市场监管和服务市场需求，无违法违规行为。

（5）及时性：相关服务提供商对于内部管理事务不应拖延导致服务失败。

（6）平衡性：在提供服务的过程中主动平衡所有利益相关方（包括消费者、其他服务提供商、邻近居民等）的权益和需求，如遇到无法协调的利益相关方要求，应主动寻求仲裁机构的介入。

（7）包容性：服务提供商和服务提供者须履行社会责任，维护社会经济秩序，维护社会安定，包括：

— 无损害社会公共利益的服务行为出现；

— 无妨碍社会公共秩序或者违背社会良好风尚的服务行为出现；

— 不涉及含有淫秽、色情、赌博、迷信、恐怖、暴力的服务内容；

— 不含有民族、种族、宗教、性别歧视的服务内容；

— 不妨碍环境、自然资源或者文化遗产保护。

3.可监测的服务质量要素

考虑到数字监管模式下的技术可实现性，远程教育服务组织关于组织管理层面的质量监测重点包括了企业文化、工商注册信息、资质认证、顾客口碑、市场占有率，以及品牌认知度六个评价指标（见表6-5）。

表6-5　关于组织管理层面的质量监测指标

动态监测指标	结合法律约束的指标说明
企业文化	企业文化监测的是企业文化、企业使命与价值，监测方式是监测公司的官方声明、承诺，以及实现其声明和承诺的信用值
工商注册信息	工商注册信息监测的是工商局相关注册认证信息，监测方式主要是对公司的营业资格认证、营业合规性、规范性的监测
资质认证	资质认证监测的是教育部的资格认证信息，监测方式是监测公司是否符合教育部相关资质认证要求，拥有教育许可证书
顾客口碑	顾客口碑监测的是公司在用户中的推广度、顾客好评度，监测方式主要是监测用户的感知评价
市场占有率	市场占有率监测的是老顾客保有率以及新顾客增长率，监测方式主要是调查公司一段时间内的顾客变化程度
品牌认知度	品牌认知度监测的是公司利益相关者的评价，监测方式主要是监测利益相关者（学生、家长等）的感知评价

三、服务质量要素2：服务资源

1. 理论模型中的服务质量要素识别

在服务资源方面，专门针对服务行业资源绩效评价的研究并不多。Pak 等在2015年以模糊 TOPSIS 作为辅助方法，通过服务资源分析选择港口。该研究将人力资源、技术资源、客户与关系资源、组织资源和港口安全保障这五种无形资源考虑在内[①]。Alkhatib 等从资源的角度对物流服务提供商(LSPs)进行评价，根据其研究，资源可以分为有形资源和无形资源，包括

---

① Pak J Y, Thai V V, Yeo G T. Fuzzy MCDM Approach approach for Evaluating evaluating Intangible intangible Resources resources Affecting affecting Port port Service service Qualityquality. The Asian Journal of Shipping and Logistics, 2015, 31 (4): 459−468.

物质资源、技术资源、人力资源、结构资源和关系资源[①]。综上所述，表6-6总结了服务资源方面具有共性的关键质量要素。

表6-6 服务资源的关键质量要素

质量要素	说明
物理资源	设施或实体文件
技术资源	IT，如计算机、平台网络和数据库
结构资源	所有用于数据处理（收集、组织、存储、维护、挖掘、发送和分发）的软件
管理资源	与其他供应链成员合作的能力和经验

2. 法律法规和服务标准约束

组织管理层面的质量约束主要体现在其关于服务产品与技术安全性的保障方面。尤其是消费者在购买、使用服务商品和接受服务时享有人身、财产安全不受损害的权利。服务提供商和服务提供者需保证服务质量安全，包括：

（1）不允许误导或欺骗消费者，使签署的服务合同中含有不合理行为和不公平条款；

（2）不允许"金字塔销售"等多层级的非法直销、传销行为；

（3）不允许未经请求就提供服务产品和技术的"流氓交易员"服务行为；

（4）不允许违反国家有关价格管理的规定，如"只标明部分定价（掩

---

① Alkhatib S F, Darlington R, Yang Z, et al. A novel technique for evaluating and selecting logistics service providers based on the logistics resource view. Expert Systems with Applications, 2015, 42 (20): 6976–6989.

盖全价信息）或只提供部分价格的票据和收据"；

（5）不允许泄露客户私人信息；

（6）不允许多次使用"一次性"针头或未经消毒的服务设备，造成传染病的传播（特别是医疗美容的文身、文眉、养老院护理、献血等服务）；

（7）不提供"有缺陷的服务产品和技术"或"仿冒品"。

3. 可监测的服务质量要素

考虑到数字监管模式下技术的可实现性，远程教育服务组织关于服务资源层面的质量监测主要是针对服务过程中涉及的物理资源（如设备设施）、技术资源（多媒体技术）、教学资源（如教辅资料、教科书以及实验材料）和管理资源（多供应链合作可能性）的质量安全监测与评价，包括设施功能性、技术易用性、资源可获得性以及资源多样性四个指标（见表6-7）。

表6-7　远程教育服务资源的质量监测指标

质量要素	动态监测指标	结合法律约束的指标说明
物理资源	设施功能性	物理环境下服务功能是否满足顾客需求，监测方式是顾客对设备平台、虚拟教学环境的功能性的感知评价
技术资源	技术易用性	服务产品供给中的服务技术是否方便了使用者（即用户友好原则），监测方式是顾客针对多媒体设备平台、虚拟教学环境的技术易用性的感知评价
教学资源	资源可获得性	针对服务产品可获得性的监测，监测方式是顾客对教辅资料（多媒体）、教科书以及实验材料的可获得性的感知评价
管理资源	资源多样性	针对服务管理资源的综合质量监测，监测方式是监测顾客针对设施平台、虚拟教学环境、教辅资料（多媒体），以及实验材料的多样化选择情况，或顾客对服务者与其他供应链成员的合作可能性的感知评价

四、服务质量要素3：服务人员

1. 理论模型中的服务质量要素识别

Ferine等提到的组织管理要素中有关工作伦理的因素也可以用来衡量服务人员，它关注的是人员的专业性[①]。对人力资源的评价（在服务资源部分中提到）也可以在这一部分中使用。此外，核心自我评价(CSE)指服务工作和服务破坏在某种程度上可以反映出服务人员的评价结果。领导—成员交换在一定程度上反映了组织和管理状况。综上所述，表6-8总结了服务人员方面具有共性的关键质量要素。

表6-8　服务人员的关键质量要素

质量要素	说明
职业伦理	反映基本职业价值观的一套信念和态度
职业专业度	员工的教育、知识、技能和经验
服务努力度	工作人员为提供良好服务而持续性地努力
服务阻力	员工蓄意破坏，阻碍服务供给

2. 法律法规和服务标准约束

服务人员的质量约束主要体现在其资质和技能、行业道德、教育和培训三个方面的具体要求。（1）资质和技能要求：服务提供商和服务提供者须具备所属服务行业要求的资质和技能。（2）行业道德要求：服务提供商

---

① Ferine K F, Aditia R, Rahmadana M F. An empirical study of leadership, organizational culture, conflict, and work ethic in determining work performance in Indonesia's education authority. Heliyon, 2021, 7(7): e07698.

与消费者进行交易，应当遵循自愿、平等、公平、诚实守信的原则，无误导或欺骗行为、无不合情理行为、无不公平做法、维护消费者权益。（3）教育和培训要求：服务提供商可提供具有针对性、合理性的职业道德和技能培训，使所属服务提供者对服务市场保持开放性、灵活性。

3. 可监测的服务质量要素

考虑到数字监管模式下技术的可实现性，远程教育服务组织关于服务人员的质量监测主要是针对教师和教辅人员的资质认证等质量要素的评价，具体包括资格证、职业信息、专业程度、服务态度、职业道德和综合反馈六个指标（见表6-9）。

表6-9 关于服务人员的质量监测指标

质量要素	动态监测指标	结合法律约束的指标说明
职业专业度	资格证	资格证监测的是服务者从业相关资质认证，监测方式是看教师/教辅人员是否具有从业相关资质认证证书
	职业信息	职业信息监测的是服务者从业经历、所属单位信息，监测方式主要是教师/教辅人员的个人从业经历陈述，所属单位信息陈述
	专业程度	专业程度监测的是服务者在服务过程中是否提供了专业服务，监测方式主要是顾客对于教师/教辅人员专业程度的感知评价
服务努力度	服务态度	服务态度监测的是服务者在服务过程中服务态度的好坏，监测方式主要是顾客对于教师/教辅人员服务态度的评价
职业伦理	职业道德	职业道德监测的是服务者的服务过程是否体现了职业素养，监测方式主要是顾客对教师/教辅人员职业道德的感知评价

续表

质量要素	动态监测指标	结合法律约束的指标说明
服务阻力	综合反馈	综合反馈是对服务者在服务过程中的综合表现，包括是否有阻碍服务供给的员工蓄意破坏情况的监测，监测方式主要是顾客对教师/教辅人员综合的感知评价

五、服务质量要素4：服务过程

1. 理论模型中的服务质量要素识别

参照图书馆信息管理学的研究，其个性化服务水平评价包括了读者信息、特征提取、外部信息收集、信息匹配与过滤、读者反馈五个影响因素。类似地，机构远程教育服务交互过程可分为信息获取过程、学习过程和质量控制三个因素（见表6-10）。

表6-10 服务过程的关键质量要素

质量要素	说明
信息获取过程	服务提供商需要提供全面的学习前服务，需求分析、项目定义、信息提供、协议制定和规范收费都是必要的
学习过程	服务提供商需要向客户提供他们所承诺的东西
质量控制	质量监督和客户反馈机制

2. 法律法规和服务标准约束

服务过程的质量约束主要体现在服务的提供应保障消费者的身体健康和人身安全，在整个服务生命周期内应避免造成对生态环境和历史文物的重大影响或持续性影响，具体有以下四个方面。

（1）一致性：针对不同的服务需求者要求的同一服务，服务流程、技术和产品须保持一致，不缺失服务项目或降低服务标准。

（2）连贯性：保持服务的连贯性，避免出现与协议服务内容无关或冲突的服务流程。

（3）有效性：服务的提供能够有效地响应顾客的服务需求和市场监管，能够与利益相关方达成共识。

（4）相关性：服务的提供与服务协议中签署的服务内容相关且一致，不误导消费者。

3. 可监测的服务质量要素

结合实地调研中对利益相关者的访谈，以及 12 个服务质量理论模型的文献分析和我国法律法规标准的约束，考虑到数字监管模式下技术的可实现性，远程教育服务组织关于服务过程的质量监测主要是针对用户远程教育课程体验与服务交互的评价，包括课前咨询、课中体验、课后反馈三个服务交互阶段中教育信息获取的功能保障性、技术易用性、过程愉悦性和服务反馈四个指标（见表 6-11）。

表 6-11　远程教育服务过程的质量监测指标

质量要素	动态监测指标	结合法律约束的指标说明
信息获取过程	功能保障性	针对服务交互过程中提供的服务功能是否满足顾客需求的监测，监测方式是监测顾客对课前咨询、课中体验、课后反馈三个阶段服务体验的功能性的感知评价
	技术易用性	针对服务交互过程是否稳定、可靠、易用、及时的监测，监测方式是监测顾客对课前咨询、课中体验、课后反馈三个阶段中的技术易用性的感知评价

续表

质量要素	动态监测指标	结合法律约束的指标说明
学习过程	过程愉悦性	针对服务交互过程的愉悦性监测，监测方式是监测顾客对课前咨询、课中体验、课后反馈三个阶段服务体验的感知评价
质量控制	服务反馈	功能性是针对服务过程综合评价的监测，监测方式是监测顾客对课前咨询、课中体验、课后反馈三个阶段服务体验的综合感知评价

六、服务质量要素5：服务影响

1. 理论模型中的服务质量要素识别

服务效果更像是对整个服务的总体评价。其目的可以是不同的：提高质量，评估新方案的可行性或应用结果，以及评估当前服务的绩效等[1]。在本案例中，客户是指所有潜在的利益相关者，而不仅仅是直接学习者。因此，服务影响既要考虑服务效果部分（保证与直接学习者的互动），又要考虑社会影响部分（考虑利益相关者）。综上所述，表6-12总结了服务影响方面具有共性的关键质量要素。

---

[1] Kuo Y F, Wu C M, Deng W J. The relationships among service quality, perceived value, customer satisfaction, and post-purchase intention in mobile value-added services. Computers in Human Behavior, 2009, Including the Special Issue: The Use of Support Devices in Electronic Learning Environments 25: 887–896.

表6-12　服务影响的关键质量要素

质量要素	说明
服务效果	服务提供者应该有系统的评价机制，从而收集内部、外部信息，并分析其服务效果，例如是否满足了顾客需求等
社会影响	从利益相关者的角度塑造企业形象，服务提供者应在社会中发挥积极作用

2.法律法规和服务标准约束

服务影响的质量约束主要体现在服务提供商和服务提供者应遵守公平公正、透明公开、有效服务、持续性改善等原则在所属服务行业内提供服务，具体如下：

（1）公平公正：没有垄断的利益相关方占据某一服务业，使得该服务领域的企业以不具竞争力的服务方式运营。

（2）透明公开：消费者享有知悉其购买、使用的服务商品或者接受的服务真实情况的权利。对消费者依法实施服务信息公开，保障消费者权益，包括：知悉真实情况权、自主选择权、人身财产安全权、公平交易权、依法求偿权、获得知识权、监督批评权、受尊重权。

（3）有效服务：服务实施应坚持有效性原则，把保证健康、安全、环境友好及促进整体工作的健康发展作为首要目标，因地制宜地提供服务，注重实效，实现效益最大化。

（4）持续性改善：服务的提供应该坚持持续性原则，实施服务标准化使各个环节符合服务业市场监管要求，并不断改进方法，提升服务效果。

3.确定数字化监管可监测的服务质量要素

考虑到数字监管模式下技术的可实现性，远程教育服务组织关于服务影响的质量监测主要是针对服务效果及社会影响两个维度的质量监测（见表 6-13）。

表 6-13　远程教育服务影响的质量监测指标

质量要素	动态监测指标	结合法律约束的指标说明
服务效果	用户满意度	服务效果的综合满意度，监测方式是监测顾客基于服务预期和实际感知实施的顾客满意度综合感知评价
社会影响	社会影响	服务全生命周期过程，从利益相关者的角度塑造企业形象，服务提供者应在社会中发挥积极作用，监测方式是监测利益相关者的舆情反馈

第四节　监管机制：第三方监测与社会监督

　　动态的服务质量监管机制将有效促进服务业市场的公平竞争、保护消费者权益。科学的服务质量监管要从顶层统筹角度规划监管体系，从整个服务的生命周期设计每一个服务质量环节（市场准入、服务过程、服务结果与监督）监管，使市场服务形成良性循环。

　　在服务质量监管中，政府出于社会监管的职能，即保护消费者权益，保证消费者获得合格、满意的服务，通过制定相关的政策、标准、目标等对服务行业进行监管，严格执行市场准入制度、规范从业者的行为，对其服务提供流程进行检查和鉴定，对服务满意度进行测量，从而促使从业者提升服务质量水平。

一、事前监管

（一）对服务质量鉴定人员的严格规范

针对第三方检测与质量鉴定、认证认可、标准服务、法务服务等生产性服务业，制定科学合理的政策和标准，严格界定从业人员的专业背景和从业资质，建立健全从业人员的职业信用机制，使第三方出具的咨询报告和认证信息具有科学性、技术可参考性，能够在政府与企业之间真正起到桥梁作用。通过促进该领域从业人员的整体职业素质的提升，促进该生产性服务业的市场公信力和从业吸引力，也为服务质量的鉴定打下坚实基础。

（二）服务质量的信息公开

政府信息公开在事前监管阶段起到源头监管的作用。顾客只有掌握了可靠、值得信赖的官方信息，做出的市场选择才能更理性，趋近于服务预期。这也为实现数字化监管模式下远程教育服务质量监测提供了方法指导。

远程教育服务质量动态监测平台分享了政府监管部门的法律、法规、标准、政策与服务质量信息反馈的内容。通过整合行政审批、官方认证认可、标准法务咨询等政府和第三方有关质量提升的服务链接，使该平台在提供质量监测的同时也具备"一站式"政府服务的特征。

依据数字化监管模式和信息公开的要求和原则，市场上的信息公开可分为三类：主动公开、依申请公开、不予公开信息。

主动公开信息包括：（1）涉及公众利益调整、需要公众广泛知晓，或需要公众参与决策的政府信息；（2）公开主体的政府基本信息，如机关职能、机构设置、办公地址、办公时间、联系方式、负责人姓名、行政法规、规章、规范性文件、相关政策等；（3）办理行政许可和其他对外管理服务事项的依据、条件、程序、收费项目和依据，以及办理结果；（4）财政预算、决算信息、政府集中采购项目及重大建设项目的批准和实施情况；（5）行政监管范围的监督检查情况；（6）国民经济和社会发展统计信息；（7）实施行政处罚、行政强制的依据、条件、程序以及该行政机关认为具有一定社会影响的行政处罚决定；（8）突发公共事件的应急预案、预警信息及应对情况。

依申请公开指除主动公开的政府信息外，公民、法人或者其他组织可以向地方各级人民政府、对外以自己名义履行行政管理职能的县级以上人民政府部门申请获取相关政府信息。一般来讲，平台应有在线申请功能，实现用户网上提交材料、受理部门对所提交的申请材料进行预审功能。平台应提供通过网站申请的服务事项办理状态的查询服务。同时，服务办理反馈应达到以下要求：（1）提供反馈途径；（2）通知处理状态；（3）通知处理结果；（4）处理结果的记录。

不予公开信息包括：（1）依法确定为国家秘密的政府信息，法律、行政法规禁止公开的政府信息；（2）公开后可能危及国家安全、公共安全、经济安全、社会稳定的政府信息；（3）涉及商业秘密、个人隐私等公开会对第三方合法权益造成损害的政府信息；（4）行政机关在履行行政管理职能过程中形成的讨论记录、过程稿、磋商信函、请示报告等过程性信息以及行政执法案卷信息。

二、事中事后监管

依据本案例研究的远程教育服务关键质量要素和指标体系，构建了针对服务机构、服务人员、服务资源、服务过程和服务影响的关键质量要素的动态监测方法，具体包括三个方面：

服务商的服务质量监测，融合了服务机构在组织管理层面上的服务资源、服务人员、服务过程、服务效果等综合层面的服务质量测评结果与信息公开。

服务人员的服务质量监测，融合了面向服务人员（包括教师、IT 平台管理人员、服务机构管理者等）的组织管理（机构归属）、服务资源（技术资格）、服务人员（专业度好评）、服务过程（顾客感知）、服务效果（顾客感知）等服务质量测评结果与信息公开。

服务内容的服务质量监测：主要融合了面向服务商提供的课程的组织管理（机构归属）、服务资源（教学资源）、服务人员（授课教师）、服务过程（课程实施感知）、服务效果（顾客感知）等服务质量测评结果与信息公开。

第五节　监管技术：数据驱动与实时预警

一、关键服务触点识别

用户体验地图是一项可视化技术方法，帮助服务人员、用户体验设计师以及管理者有效理解用户与服务交互的过程。该方法从用户角度出发，以叙事的手法来描述用户在服务中的体验，以形象可视化的图形来展示用户的情绪变化，有效发现用户在整个服务过程中的服务触点，通过服务触点研究顾客的爽点和痛点，最终转化为服务的优缺点、设计的机会点等。这个过程的产出物即用户旅程图。

通过用户体验地图方法（见图 6-6），通过扮演"顾客"的角色，确定远程教育全服务生命周期内第三方动态服务质量监测的关键服务触点(图中标五角星的服务触点),即第三方网站、网络/实地咨询、购买阶段反馈、课后评价、售后反馈、持续性反馈等关键服务交互触点。

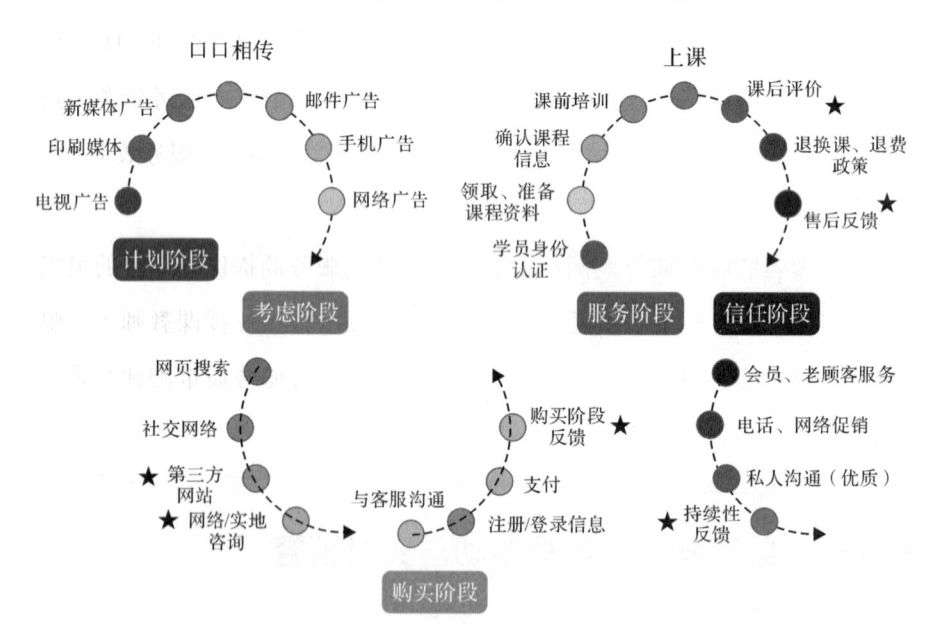

图6-6 用户体验地图确定第三方动态服务质量监测的关键服务触点

二、服务蓝图分析

针对用户体验地图中的六个关键服务触点,服务蓝图可以更深层次地确定数智化服务质量监测平台的具体功能(见图6-7)。在"第三方网站"以及"网络/实地咨询"触点中,用户直接接触到网页页面展示的信息或者相关咨询人员,离不开信息公开系统的支持;各种反馈阶段和评价阶段,则依赖于网站的质量监测功能。通过分析,远程教育服务质量监测平台应该具有以下两个功能:

（1）信息公开功能；

（2）质量监测功能。

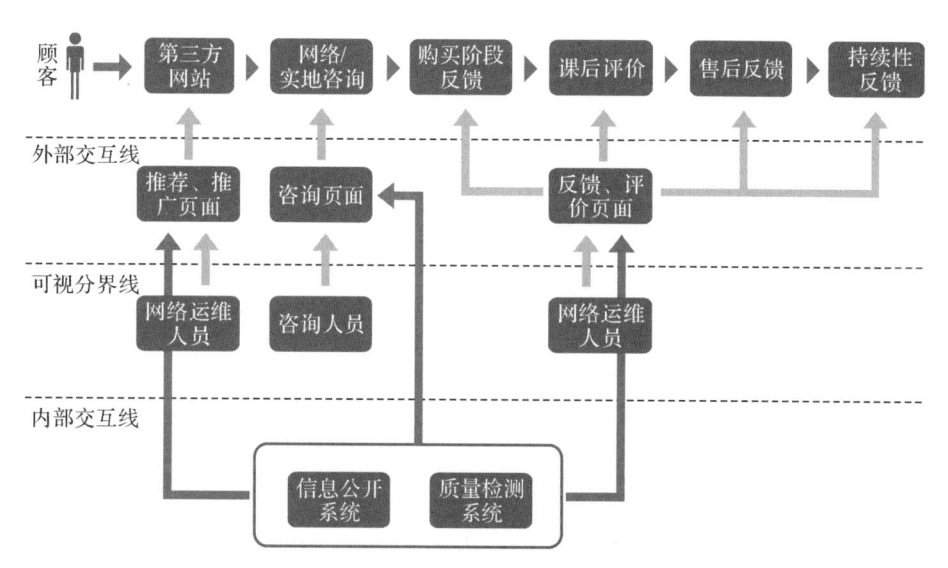

图6-7　第三方动态服务质量监测平台的服务蓝图

三、服务质量监测平台的功能设计

（一）信息公开功能

依据市场调研和用户体验地图，顾客在选择并体验一个远程教育服务的过程中，其服务触点（即服务提供者与顾客交互的触点）多次涉及顾客通过查阅并参考网络评论、推广广告、网络咨询等途径确定个人的选择倾向。而当下的远程教育服务质量的评价和推广更多地依赖群众自发的论坛和服务提供商自己的广告宣传，论坛和广告质量的不确定性容易误导顾客对于远程教育服务的选择。

质量监测功能模块旨在为远程教育服务企业提供实时的政策信息公开

（政策信息、市场动态等信息公开模块），行政审批指导及相关职能部门的办事链接（政府服务模块，见图6-8）、标准法务等技术咨询（第三方服务链接），这些功能模块兼具信息公开、政府服务、第三方桥接等重要功能。该部分功能模块的信息提供方主要是政府部门、第三方机构，信息接受方为远程教育服务企业、协同监管的政府职能部门、第三方机构，及其他利益相关方。

（二）质量监测功能

服务质量监测的信息主要来源于服务机构和顾客反馈，信息接收方主要是相关监管职能部门、潜在顾客、服务机构、第三方及其他利益相关方。服务质量监测的意义在于由服务机构和顾客提供相关服务质量信息，既可以作为协同监管职能部门的质量信息参考，也可以帮潜在顾客做出合理市场选择，还可以为优质的服务机构、服务人员在市场赢得品牌竞争力，督促市场的良性发展。

除了信息公开与披露使顾客从服务提供商和市场监管主体那里了解实时质量风险信息，基于顾客感知的质量评价信息和网络舆情信息更能从顾客反馈角度使服务提供商和市场监管主体了解服务质量信息和潜在市场影响。数字化监管模式下的远程教育服务质量舆情监测基于网络评论的文本信息快速收集、去噪、分词、词频分析和服务质量分类信息等内容，动态研判消费者、公众感知层面的服务质量与安全风险（见图6-9至图6-11）。

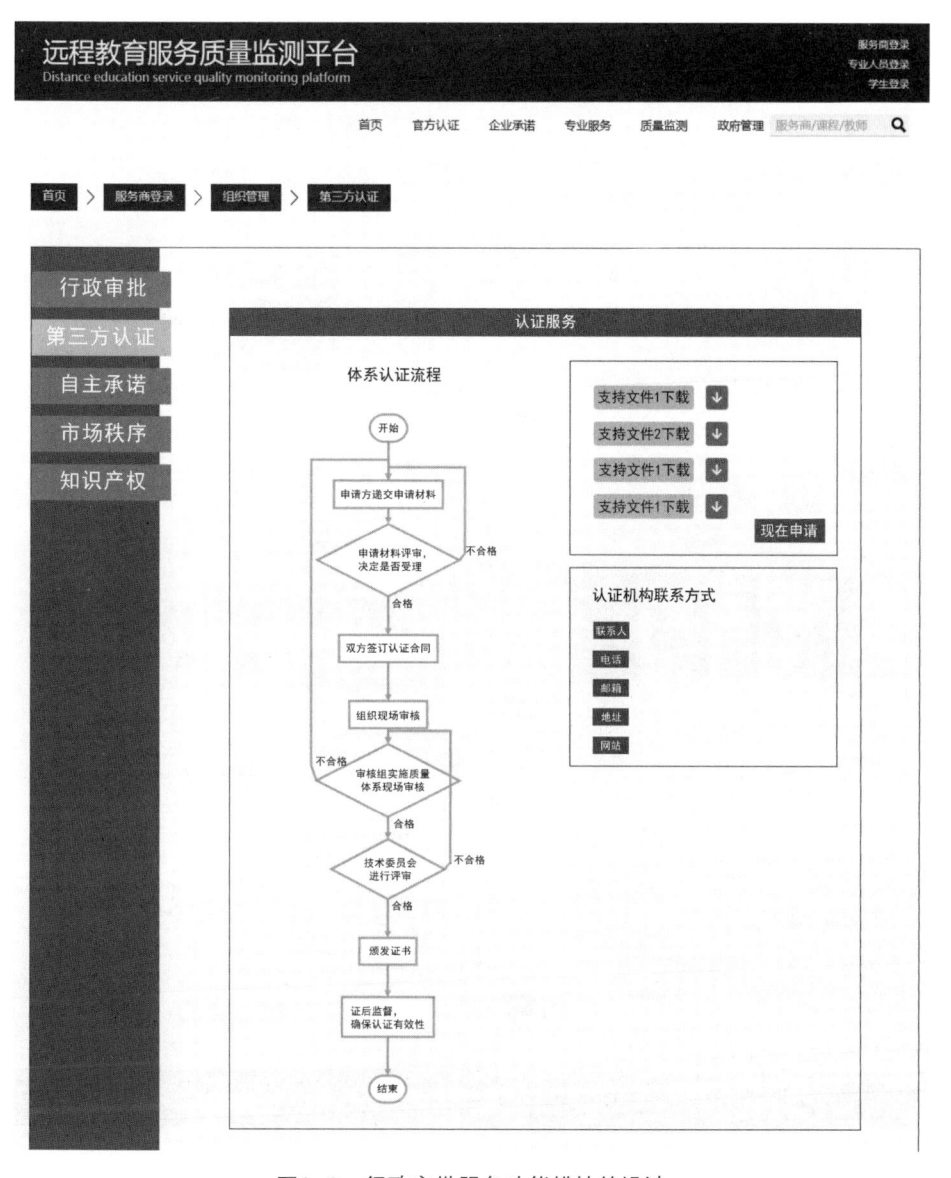

图6-8 行政审批服务功能模块的设计

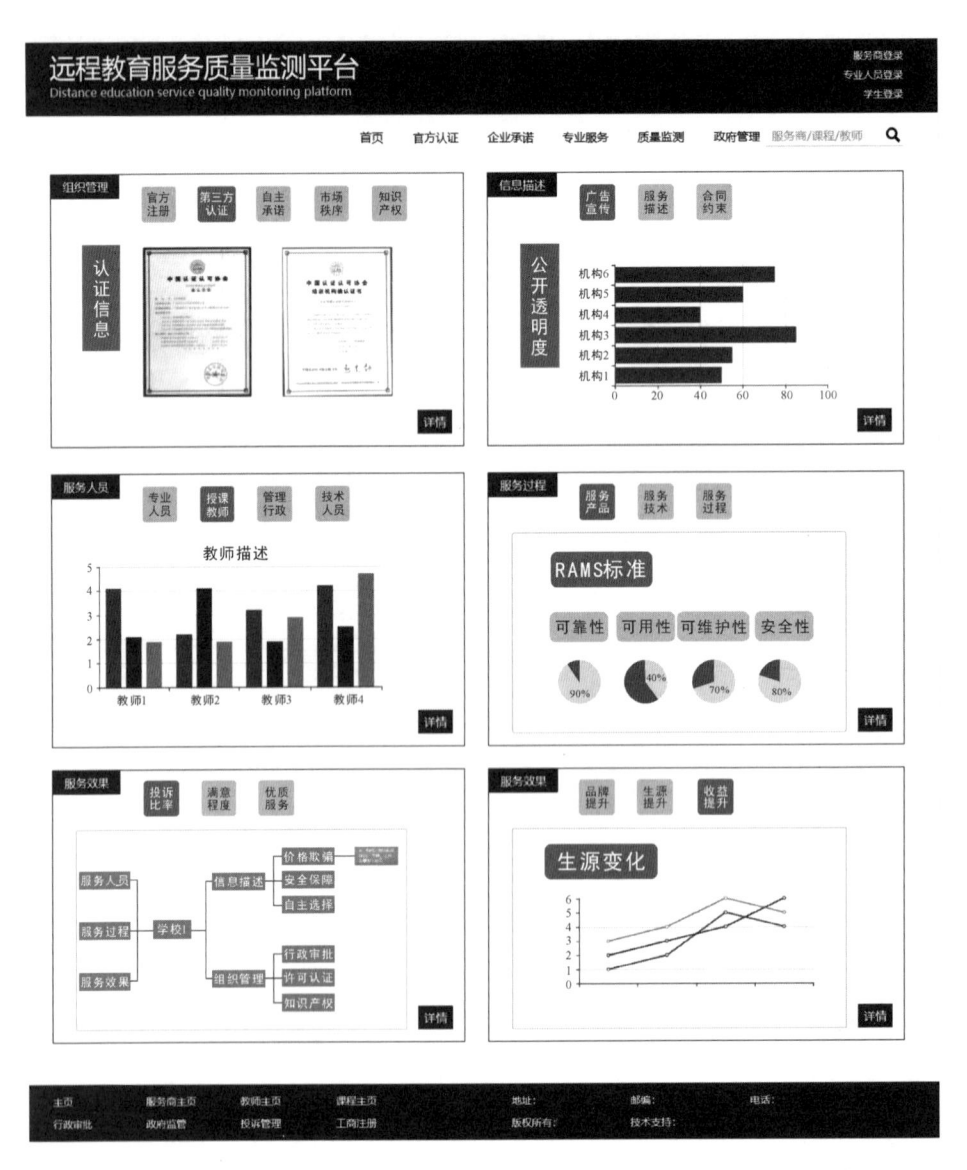

图6-9 面向远程教育服务机构的五个服务质量要素的监测模块原型设计

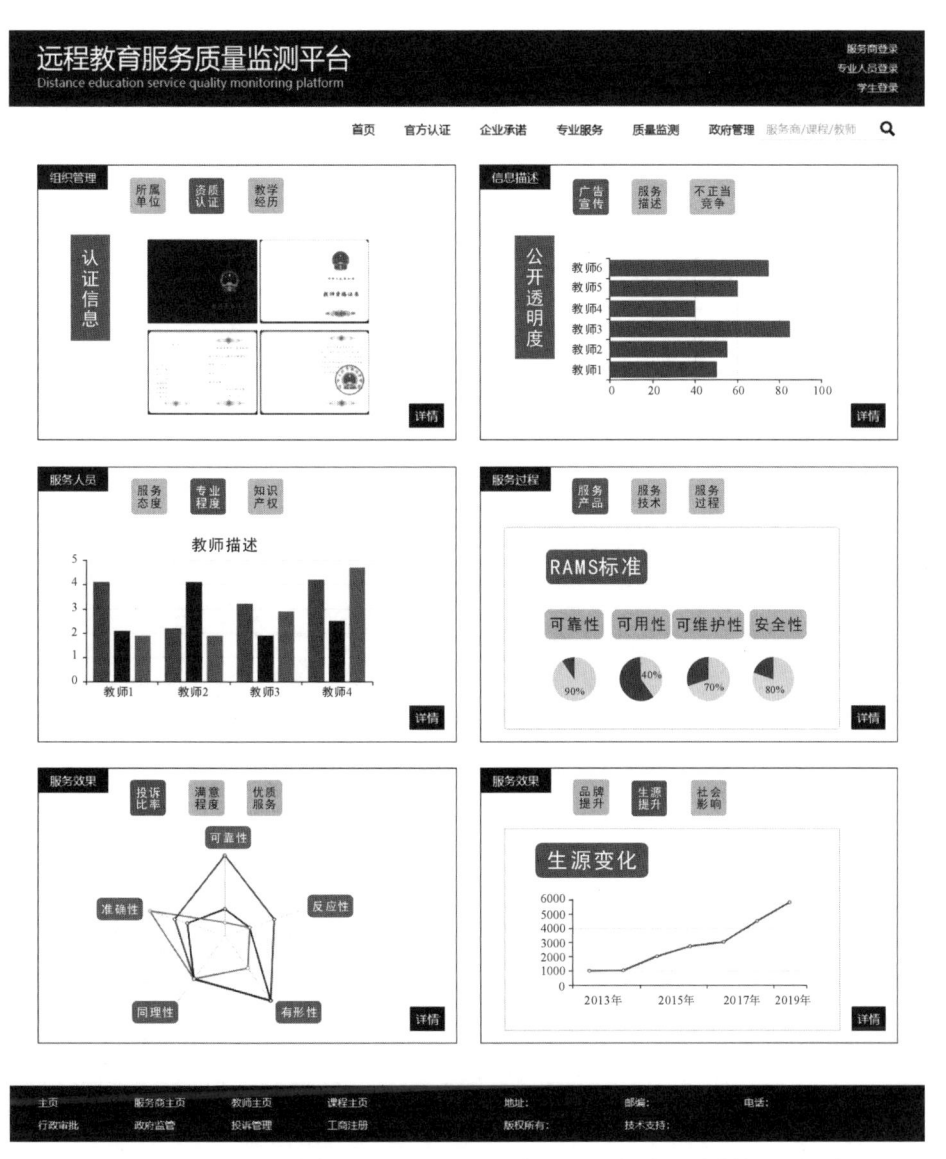

第 6 章　数字服务质量风险的监管技术研究　　209

图6-10　面向远程教育服务人员的五个服务质量要素的监测模块原型设计

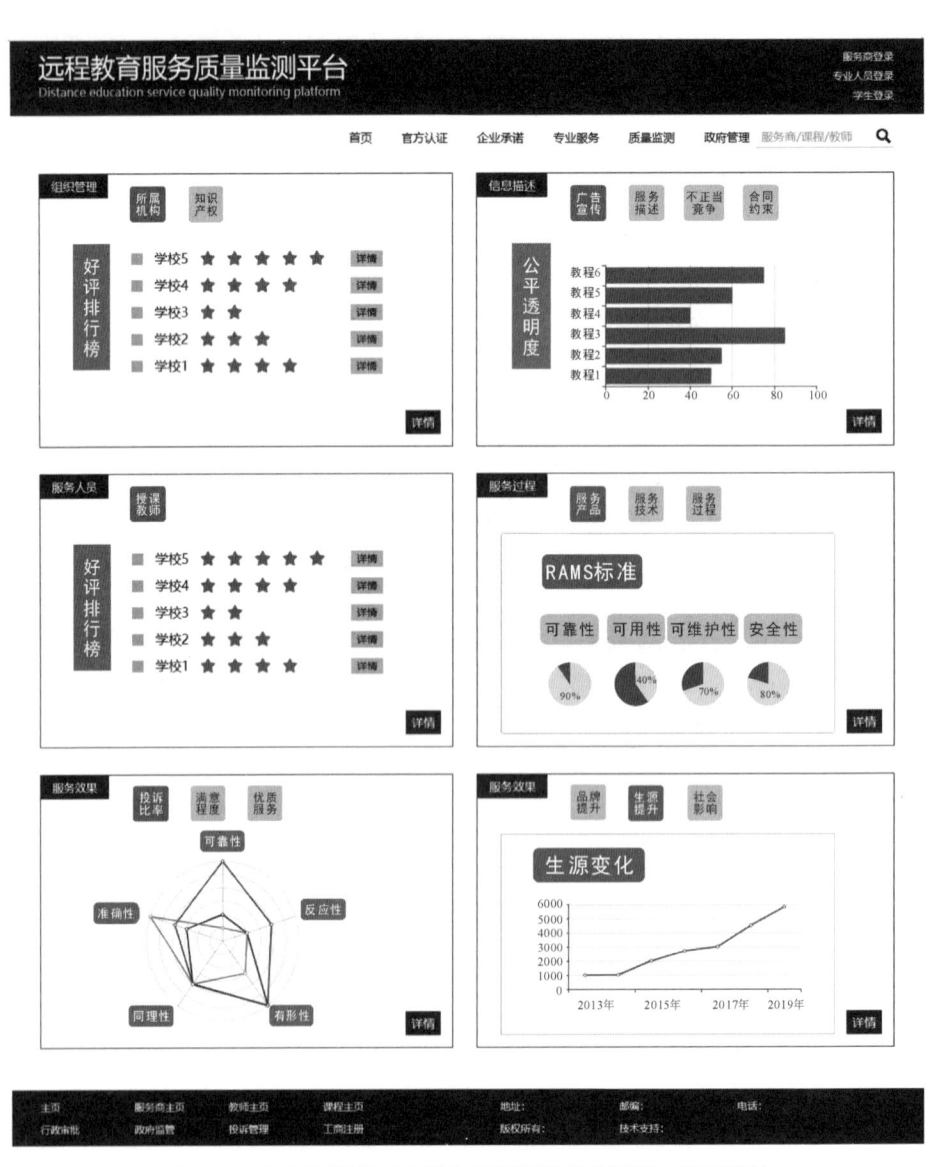

图6-11 面向课程的五个服务质量要素的监测模块原型设计

第六节 监管绩效：数智化的量化结果分析

一、数据收集

为了验证本书设计的远程教育服务质量监测方法的有效性，本书收集了一定数量的百度（456条评论）、12315（11条评论）、淘宝（365条评论）、知乎（350条评论）、大众点评（30条评论）、抖音（208条评论）、哔哩哔哩（55条评论）、微博（200条评论）平台上有关远程教育服务质量的网络舆论与评论信息（见图6-12）。顾客评论数量前10名的服务企业被摘选出来用于此次基于舆情分析的远程教育服务质量监测模块设计的验证。

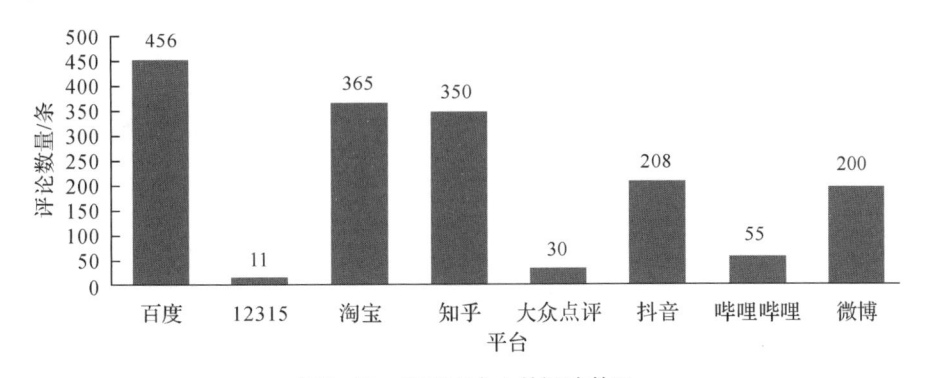

图6-12 不同平台上的评论数量

二、结果分析

给每个关键词贴上服务质量要素的标签，进一步了解该远程教育服务机构的服务质量评价内容。对评论数量前10名的远程教育服务机构的关键词按服务质量要素进行整体分类（见图6-13和表6-14），识别出顾客对"服务效果"（515个描述词汇，42%）关注度最高，其次是"服务过程"（231个描述词汇，18.9%）和"服务资源"（226个描述词汇，18.4%），再次是"组织管理"（173个描述词汇，14.1%），最后是"服务人员"（80个描述词汇，6.5%）。

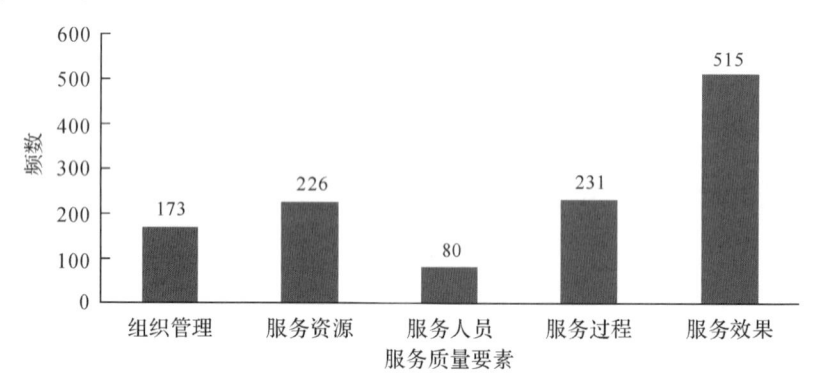

图6-13 按服务质量要素分类汇总

表6-14 按服务质量要素分类汇总

服务质量要素	频数	百分比/%	有效百分比/%	累计百分比/%
组织管理	173	14.1	14.1	100
服务资源	226	18.4	18.4	85.9
服务人员	80	6.5	6.5	25.4
服务过程	231	18.9	18.9	18.9
服务效果	515	42	42	67.4
总计	1225	100	100	

根据提取的高频关键字（提及总频率大于或等于3）进行分类汇总分析，与"服务效果"有关的关键词有68个，与"服务资源"有关的关键词有26个，与"服务过程"有关的关键词有22个，与"组织管理"有关的关键词有20个，

与"服务人员"有关的关键词有 11 个,具体关键词见表 6-15。

表 6-15 按高频关键字分类汇总

服务质量要素	高频关键字提取(词频≥3)
组织管理 (20 个)	机构、公司、公务、价格、学校、联系、骚扰、报名、广告、网校、城市、单位、管理、交钱、企业、市场、退费、协议、行业、资格
服务资源 (26 个)	课程、知识、朋友、视频、学生、教材、同学、电话、软件、手机、信息、学员、面试、事业、网络、线下、大学、粉笔、孩子、题库、题目、习题、小伙、雅思、页面、职业
服务人员 (11 个)	老师、客服、班主、能力、师资、员工、态度、教师、名师、明星、人员
服务过程 (22 个)	内容、时间、问题、学习、教学、培训、方式、建议、讲解、体验、答案、方法、讲课、考试、上课、思路、做题、辅导、教育、练习、模块、重点
服务效果 (68 个)	不错、感觉、结果、丰富、质量、成功、方便、很棒、清楚、清晰、喜欢、效果、效率、专业、不要、关键、基础、简单、经验、厉害、耐心、认真、水平、推荐、易懂、责任、帮助、毕业、便宜、不同、成绩、负责、很大、基本、浪费、满意、全面、容易、太多、一般、有点、重要、棒棒、恶心、好好、好评、花钱、垃圾、明白、骗子、齐全、轻松、实力、舒服、特别、提高、挺不、通俗、完整、系统、细致、谢谢、性价、需要、优秀、专门、霸王

其中,关于"组织管理"要素,基于评论数量前 10 的远程教育服务组织机构的高频关键词(词频≥3)进行服务质量要素的分类整理,其归属的高频关键字见图 6-14。顾客最关注的服务组织管理层面的信息是"机构""学校""公司"及"价格"等信息。

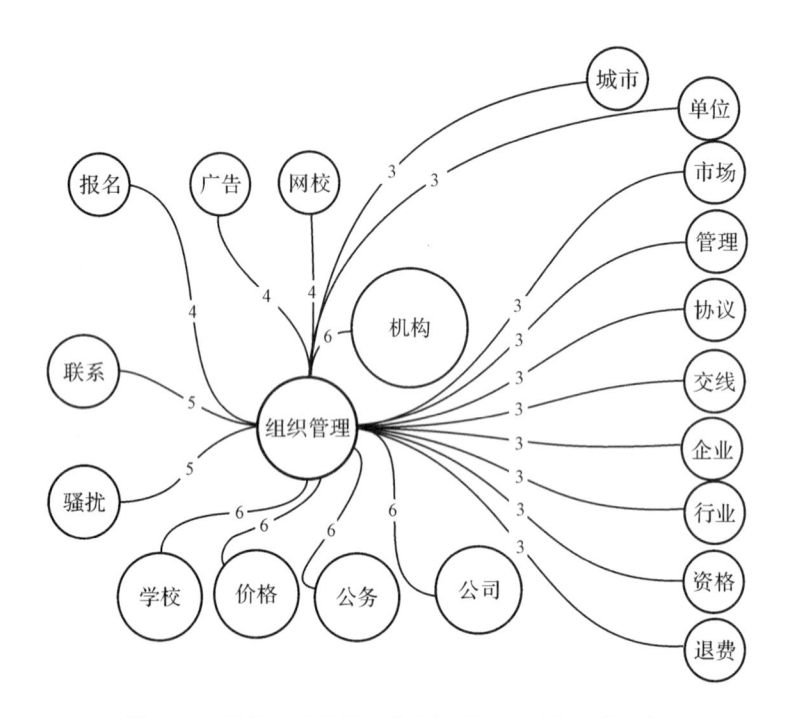

图6-14 按服务质量要素分类汇总——"组织管理"

关于"服务资源"要素，基于评论数量前10的远程教育服务组织机构的高频关键词（词频≥3）进行服务质量要素的分类整理（见图6-15），顾客最关注的服务资源层面的信息是"课程""知识""朋友""同学""视频"及"教材"等信息。

关于"服务人员"要素，基于评论数量前10的远程教育服务组织机构的高频关键词（词频≥3）进行服务质量要素的分类整理（见图6-16），顾客最关注的服务人员层面的信息是"老师""客服""班主""员工""师资"及"能力"等信息。

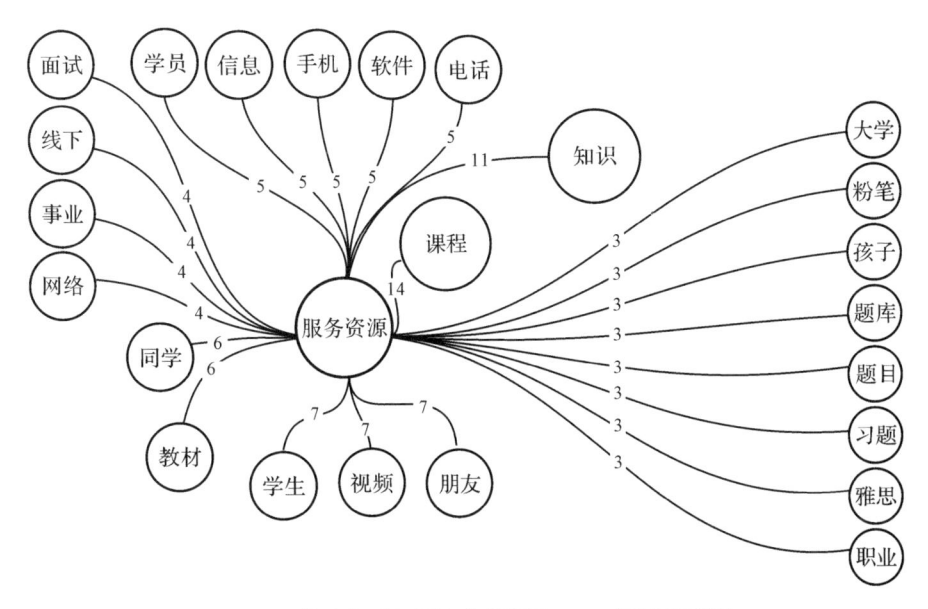

第 6 章 数字服务质量风险的监管技术研究 215

图6-15 按服务质量要素分类汇总——"服务资源"

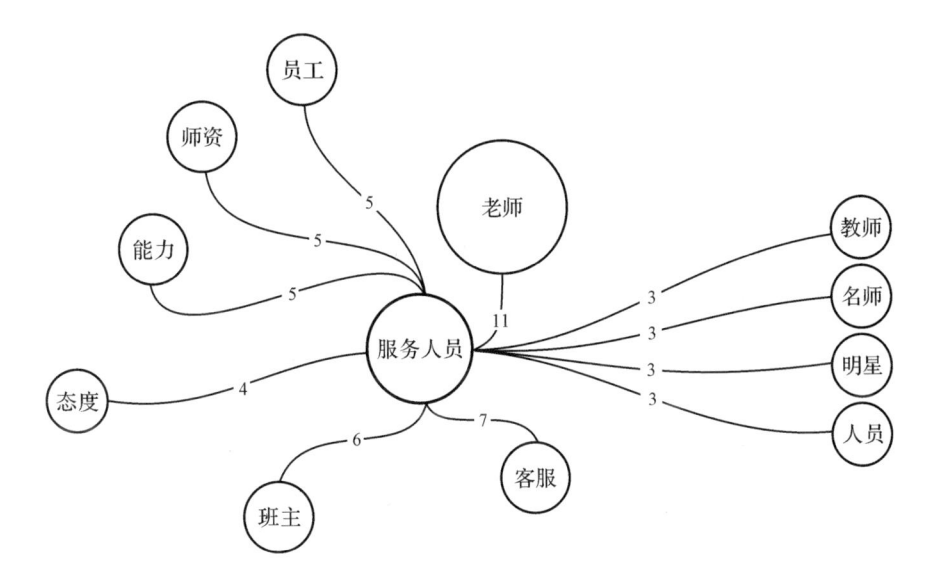

图6-16 按服务质量要素分类汇总——"服务人员"

关于"服务过程"要素，基于评论数量前10的远程教育服务组织机构的高频关键词（词频≥3）进行服务质量要素的分类整理（见图6-17），顾客最关注的服务过程层面的信息是"内容""时间""问题""学习""教学"及"培训"等信息。

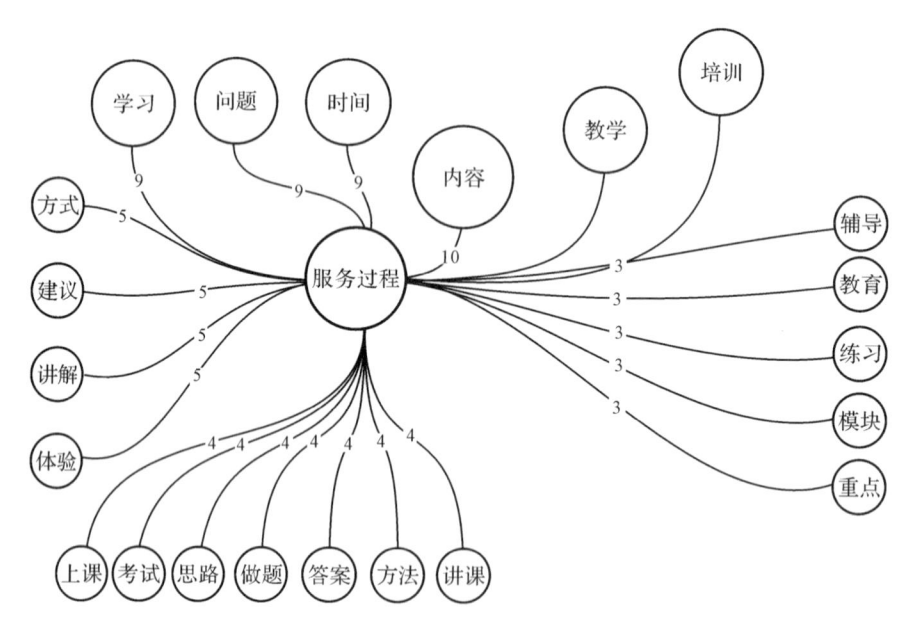

图6-17 按服务质量要素分类汇总——"服务过程"

关于"服务效果"要素，基于评论数量前10的远程教育服务组织机构的高频关键词（词频≥3）进行服务质量要素的分类整理（见图6-18），如图可知，顾客最关注的服务过程层面的信息是"不错""感觉""结果""丰富"及"质量"等信息。

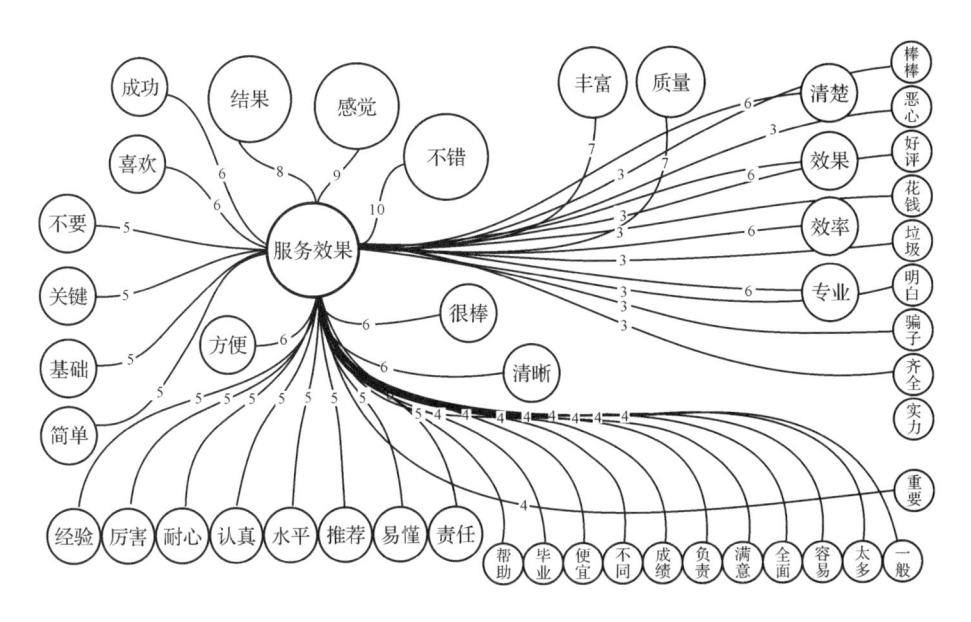

图6-18 按服务质量要素分类汇总——"服务效果"

最后，根据各质量要素间的相关性分析可知（见表6-16），"组织管理"与"服务人员"具有显著正相关性（0.865**，$P<0.01$），"组织管理"与"服务效果"具有显著正相关性（0.801**，$P<0.01$），"服务人员"与"服务效果"具有显著正相关性（0.815**，$P<0.01$）。

表6-16 基于舆情信息的服务质量要素的相关性分析

服务质量要素		组织管理	服务资源	服务人员	服务过程	服务效果
组织管理	皮尔逊相关性	1				
服务资源	皮尔逊相关性	0.539	1			
服务人员	皮尔逊相关性	0.865**	0.401	1		

续表

服务质量要素		组织管理	服务资源	服务人员	服务过程	服务效果
服务过程	皮尔逊相关性	0.379	0.293	0.286	1	
服务效果	皮尔逊相关性	0.801**	0.568	0.815**	0.436	1

** 表示在 0.01 级别（双尾），相关性显著。

三、对比分析

市场上传统的服务质量监测方法通常有综合评分法、专家打分法、李克特量表(Likert scale)、多属性因子+AHP决策、模糊数学等。然而，经过数据收集、分析、结果汇总后，得到的量化结果通常已代表过去式，需要研究人员周期性（如每季度、每年）做调研、监测、审计等工作。

为解决远程教育服务行业的动态服务质量监管问题，新的数智化的服务质量监测平台能够结合云计算、时间序列数据的聚合运算、深度学习等人工智能算法，在线实时收集质量数据并进行质量监测，代替人工周期性调研，省去人工周期性收集、分析数据的工作量，避免时间差。同时，将传统量化方法与质量数据结合，实现动态远程教育服务质量监测。数据可视化技术方便了监管主体与广大群众就实时风险预警与决策建议通过可视化平台实现社会监督、社会交流。